Easy Learning
Korean

쉽게 배우는
한국어 작문

부산외국어대학교 한국어문화교육원

중급
1

　최근 한국어를 배우려는 학습자들의 증가와 더불어 학습자들의 목적이 다양해짐에 따라 한국어 교재 역시 다양해져야 할 필요성을 느끼게 되었다. 학습자들의 다양성에 따른 교재란 단계에 따른 교재, 학습 영역에 따른 교재, 다양한 목적에 따른 교재 등이 이에 포함될 수 있다.

　단계에 따른 교재란 한국어 교육 과정에 따른 교재를 말하기도 한다. 즉 대체로 한국어 교육과정은 초·중·고급 단계를 가지고 있으며, 세부적으로 초급은 다시 1·2급, 중급은 3·4급, 고급은 5·6급으로 다시 나뉘어 진행된다. 따라서 교재도 이에 부합하여 개발될 필요가 있다.

　학습 영역에 따른 교재란 과거의 통합형 교육에 따른 교재에서 벗어나 듣기, 말하기, 읽기, 쓰기, 문법, 어휘 등의 언어 영역별 특성에 따라 개발한 분리형 교재를 말한다. 통합형 교육은 모든 언어 영역을 아우르는 것이 목적이지만 실제 그 모든 영역을 고루 발달시키기는 어려우며, 어느 한 쪽 영역이 소홀해질 우려가 크다. 따라서 4가지 언어 영역의 특징에 따른 언어를 향상시키되, 결과적으로 이들이 통합된 언어 기능 향상을 가져올 수 있는 분리형 교육이 필요하며, 이를 위한 교육 자료로서의 분리형 교재 역시 필요하다.

　한국어를 배우고자 하는 목적은 이주여성과 근로자, 일반인, 대학생 등에 따라 다를 수밖에 없다. 그럼에도 불구하고 이들의 교재가 같다면 외국인 학습자들이 배워서 활용하고자 하는 한국어 교육 목표에 도달할 수 없다.

　이상을 고려하여 부산외국어대학교 한국어문화교육원 교재개발팀은 외국인 대학생들이 주로 사용할 수 있는 성인 학습자용 분리형 교재를 개발하였다. 개발된 교재는 학습단계에 따라 초·중·고급용 교재를, 분리형 교육을 위해 초급용인 '말하기-듣기', '읽기-쓰기', '활용' 교재, 중급용인 '회화', '독해', '작문' 교재가 있으며, '문법', '어휘', '문화' 교재도 개발하였다.

　이 중, 중급 교재는 다시 학습 대상자의 수준을 고려하여 두 단계로 차별화하여 '1, 2' 권을 만들었다. 그런데 이렇게 개발한 교재를 실제 외국인을 위한 한국어 수업에 사용해 본 결과 문제점과 미비점이 나타나 먼저 1에 대한 수정·보완판을 이번에 내놓게 되었다.

　이상과 같은 취지 아래 제작된 중급한국어 교재 중 이 책은 「한국어 작문 중급1 」에 해당된다. 작문은 듣기와 말하기에 쓰이는 구어와 달리 문어체로 쓰여야 하며, 구어보다 더 문법에 맞아야 하고 논리적으로도 맞아야 한다. 작문은 모국어로도 쉽지 않은 부분이다. 그렇기 때문에 한국어로 글을 쓴다는 것은 외국인에게 아주 어려운 작업이며, 어려운 만큼 또한 지루한 작업이기도 하다.

　이 책의 주 특성은 한국어를 배우는 외국인이 쉽고 재미있게 글을 써 나가는 방식을 익혀 한 편의 글을 완성할 수 있는 능력을 키워줄 수 있는 과정 중심의 글쓰기 방안으로 구성된 점이다. 따라서 읽어 보기, 들어 보기 등을 통해 흥미를 유발하고, 잘못 쓰인 글을 스스로 수정해 봄으로써 타산지석의 태도에서 바른 글쓰기로 나아가게 했으며, 한국어의 구조와 특성을 익히는 연습을 한 후, 주제를 정하고 개요를 작성하고, 이에 따라 글을 써 나가는 방식을 터득하게 하는 데 중점을 두었다.

　많은 고심을 한 후에 이루어진 한국어 작문책인 만큼 이 책을 통해 외국인 대학생들과 일반인들의 한국어 글쓰기 능력이 많이 향상되었으면 하고 바라는 바이다.

　이 책은 부산외국어대학교와 교육인적자원부의 지원에 의한 한국어학습교재 제작 사업의 일환으로 이루어진 것이다. 교재 개발에는 한국어교육 현장 경험이 있는 사람들이 참여하였는데, 교재개발팀원 전체가 기획한 것을 중심으로, 한국어문화교육원 교사인 이필우, 김유선 선생과 한국어 문화교육원 이양혜 교수가 함께 개발하여 발행한 책을 이번에 다시 깁고 더하였다.

　이 책이 나오기까지 정책적 지원을 해준 교육인적자원부와 부산외국어대학교 관계자 여러분, 랭기지 플러스의 엄호열 회장님과 엄태상 이사님께 감사드린다. 특히, 바쁜 시간 중에도 이 책을 위해 몸과 마음을 함께 담아온 부산외국어대학교 한국어문화교육원 교재팀과 랭기지 플러스 편집팀의 노고를 마음에 깊이 새기고 싶다.

2009년 8월
교재개발팀을 대표하여 이양혜 씀

일러두기

이 교재는 외국어로서 한국어를 배우고 있는 중급 학습자들의 쓰기 능력을 향상시키기 위해서 만들어진 것으로 총 15과로 이루어져 있다.

책의 편찬 의도는 각 과의 학습 목표에 따라 첫째, 짧은 대화문으로 그 과의 주제를 생각하게 하고 스키마를 형성하게 하였다. 둘째, 읽기나 듣기를 통해 목적에 따른 글을 쓸 수 있게 쓰기의 기반을 다지기 위한 단계를 설정하였다. 셋째, 결과 위주가 아닌 과정 위주의 글쓰기를 통해 학습자가 한 편의 글을 써 나가는 단계를 밟도록 생각하고 개요를 작성하고 글을 쓸 수 있게 하였다. 넷째, 외국인 학습자가 저지른 오류의 글을 통해 간접적으로 자신의 글쓰기 문제점을 깨달아 바른 글쓰기로 나아갈 수 있도록 하였다. 다섯째, 다양한 글쓰기를 통해 대학 수업 및 일반 직장에서의 글쓰기에 도움을 줄 수 있는 방향으로 설정하였다. 교재 이용을 위해 단원 구성을 소개하면 다음과 같다.

학습 목표	학습해야 할 쓰기 활동의 종류와 성격 중심으로 제시되어 있다.
짧은 대화문	학습자의 스키마를 형성하게 하며 재미있고 편안하고 쉽게 해당 단원 주제에 접근하게 하기 위함이다.
읽어 보기/들어 보기	해당 주제와 관련된 읽기나 듣기를 통해, 학습자는 수행할 쓰기 활동의 성격을 이해하고 주제에 관한 표현을 간접적으로 경험해 볼 수 있다.
미완성 글 완성하기	주제와 관련하여 나올 수 있는 미완성의 글을 기반으로 학습자가 문장을 완성해 나간다. 이런 글쓰기를 통해 문장의 정확성과 다양성을 높이고 문맥에 맞는 문장을 쓸 수 있게 된다.
생각하기	주제 중심의 생각을 펼칠 수 있는 어휘를 학습자 스스로가 이끌어낼 수 있으며, 문형 중심의 간단한 글쓰기를 통하여 해당 표현을 익힐 수 있다.

✎ 한 편의 글쓰기

주제와 관련된 몇 가지 질문을 통해 학습자 자신이 쓰고 자 하는 글의 전체적인 틀을 구상하고 그것을 바탕으로 한 편의 글을 완성한다.

✐ 잘못된 곳 고쳐 쓰기1, 2

해당 주제와 관련된 외국인 학생들의 실제 글을 읽으면 서 맞춤법의 오류 및 어색한 표현, 문맥에 맞지 않는 부 분 등을 고쳐본다. 이러한 과정을 통해 학습자는 자신이 범하기 쉬운 오류를 직접 수정해 봄으로써 바른 글쓰기 로 나아갈 수 있다.

차 례

1과

좋아하는 계절

민애　와. 이제 정말 봄이 왔구나. 꽃이 핀 걸 보니…….

사키　그래. 우리 학교에 이렇게 꽃이 많이 피는 줄 몰랐어.
　　　그런데 이 노란색 꽃은 뭐라고 불러?

민애　아, 그건 개나리야. 그리고 분홍빛 꽃은 벚꽃이야.

사키　그렇구나. 정말 예쁘다. 우리 내일 사진 찍을까?

민애　그래. 좋은 생각이다. 그럼 내가 카메라를 들고 올게.

사키　그럼, 나는 내일 예쁘게 입고 와야지.

● 여러분은 어떤 계절을 좋아합니까?

● 여러분은 계절과 관련된 추억이 있습니까?

한국의 4계절

봄은 보통 3월부터 시작된다. 봄은 날씨가 따뜻하고 여러 가지 꽃이 핀다. 그런데 이때는 꽃샘추위로 갑자기 비가 오거나 바람이 불 때가 있다. 또 중국 북쪽에서 불어오는 황사 바람 때문에 공기가 좋지 않을 때도 있다. 그러나 대부분 꽃이 피어나면서 맑은 날씨가 계속된다.

여름은 6월부터 8월까지이다. 여름은 습기가 많고 온도가 높다. 초여름에는 비가 많이 오는데 이때를 장마철이라고 한다. 7월은 일 년 중 가장 습도가 높은 달이다. 한여름에는 밤에도 30도가 넘는 무더운 날씨가 이어지는 열대야 때문에 잠을 못 이루는 사람도 많다.

가을은 날씨가 좋고 쌀쌀한 바람이 부는데, 이 계절은 다른 계절보다 짧다. 이때는 티 없이 맑은 하늘을 볼 수 있다. 그래서 가을을 천고마비의 계절이라고도 한다. 또한 아름다운 단풍이 들어서 유명한 산마다 단풍 구경을 하는 사람들이 많다.

겨울은 12월에 시작되는데 3월초까지는 추운 날씨가 계속된다. 겨울에는 보통 기온이 영하로 내려가고 바람이 많이 불고 눈도 자주 내린다. 북쪽 지방에서는 추울 때 영하 14도 이하까지 내려가기도 한다. 그러나 한국은 삼한사온이라고 하여 추운 날이 사흘을 넘으면 다시 날씨가 포근해진다.

읽은 내용 활용하기

1 (   )에 들어갈 알맞은 말을 써 보십시오.

　3월부터 (시작되는) 봄은 여러 가지 꽃이 (　　　) 계절이다. 꽃샘추위나 황사 바람 때문에 (　　　)가 좋지 않을 때도 있지만 꽃이 피어나면서 맑은 날씨가 (　　　)

　6월(　　) 8월(　　) 이어지는 여름은, 습기가 많고 온도가 높다. 초여름 비가 많이 (　　　) 때를 장마철이라고 한다. 한여름 밤 30도를 넘는 무더운 날씨가 (　　　) 밤을 열대야라고 한다.

　가을에는 티 없이 맑은 하늘을 볼 수 있다. 이 계절을 또 다른 이름으로 (　　　　　　)이라고도 한다. 단풍이 들면 단풍을 (　　　　　)이 많아진다.

　겨울은 12월 (　　　) 3월초 (　　　　)이다. 보통 기온이 영하로 (　　　　). 그러나 대체로 한국에서는 추운 날이 사흘을 넘지 않는다. 이것을 (　　　) 이라고 한다.

문형과 표현 익히기

1 그림을 보고   에 알맞은 문장을 쓰십시오.

❶ –기도 하고 –기도 하다

○ 여름에 수박을 <u>먹기도 하고</u> 참외를 <u>먹기도 합니다.</u>

○ 나는 집에 있을 때

❷ –아/어/여지다

○ 겨울이 되면, 날씨가 <u>추워진다.</u>

○ 봄이 되면, 날씨가

○ 여름이 되면, 날씨가

○ 가을이 되면, 날씨가

문형과 표현 익히기

2 줄 친 부분을 〈보기〉처럼 '봄, 여름, 가을, 겨울' 을 꾸며주는 형식으로 한 문장을 만들어 봅시다.

> 보기
>
> 봄에는 <u>진달래와 개나리가 핀다.</u> / 매우 아름답다.
>
> → 진달래와 개나리가 피는 봄은 매우 아름답다.

❶ 봄이 되면 <u>벚꽃이 많이 핀다.</u> / 경주에는 사람이 많이 온다.

➡

❷ 여름은 <u>무덥고 비가 많이 온다.</u> / 나는 싫다.

➡

❸ 가을이 되면 <u>바람이 살랑살랑 분다.</u> / 어디로 가고 싶다.

➡

❹ 겨울에는 <u>눈이 많이 오고 얼음이 언다.</u> / 나는 밖에 잘 나가지 않는다.

➡

미완성 글 완성하기

✻ 글 내용에 따라 (   )를 적당히 채워 보십시오.

1

여름이 (   ) 물을 자주 마시거나 수박을 (   ) 한다. 왜냐하면 너무 더워서 계속 땀을 (   ) 때문이다. 나는 다른 친구들에 비해서 땀을 많이 흘린다. 그래서 나는 (   )이 너무 싫다. 빨리 시원한 가을이 왔으면 좋겠다.

2

시원한 바람이 많이 (   ) 가을은 한국의 명절인 추석이 있다. 추석날 아침에는 한국의 전통 의상인 한복을 (   ) 후에 차례를 지낸다. 추석 전날에는 가족끼리 둘러앉아 추석 음식인 송편을 빚으면서 이야기를 한다. 오후에는 성묘를 간다.
가을은 사계절 (   ) 내가 가장 좋아하는 계절이다.

3

우리 고향에는 겨울에 눈이 오지 않는다. 그래서 기회가 있으면 눈이 (   ) 나라에 한번 가 보고 싶다. 얼마 전 텔레비전에서 눈사람 만드는 것을 (   ) 적이 있다. 그 장면이 너무 재미있게 (   ) 그 곳에 가서 나도 눈사람을 (   ) 보고 싶다. 그리고 썰매도 타 보고 싶다. 높은 곳에서 내려오는 것이 (   ), 꼭 한번 타 보고 싶다.

생각하기

✲ 다음의 계절을 생각할 때 떠오르는 단어를 모두 써 봅시다.

1

개나리, 따뜻하다, MT, 입학식, 신학기, 소풍, 춘곤증

2

3

4

한 편의 글쓰기

1 다음 지시를 '생각하기'의 단어를 사용하여 알맞게 써 봅시다.

❶ 여러분은 어느 계절을 좋아합니까? 그 이유는 무엇입니까?

❷ 좋아하는 계절에는 어떤 음식을 자주 먹고 또 어떤 일을 합니까?

❸ 여러분 나라의 계절적 특징은 무엇입니까? 한국의 계절과 다른 점을 간단히 써 보십시오.

한 편의 글쓰기

2 앞의 1 을 바탕으로 '내가 좋아하는 계절' 이라는 제목으로 글을 써 봅시다.

> 내가 좋아하는 계절

_____

_____

_____

_____

_____

_____

_____

_____

_____

_____

잘못된 곳 고쳐 쓰기

> 나는 계절 안에서 가을이 가장 좋아한다. 시원하는 바람이 불는 가을은 독서를 하기에 좋다. 그리고 산마다 빨간 단풍이 들면, 많은 사람들은 단풍구경을 하러 간다. 사람들은 예쁜 단풍나무 앞에 사진 찍는 것이 좋아하는 것 같다. 올 가을에는 나도 친구들랑 한국의 예쁜 단풍을 보러 가는다.

1   나는 계절 <u>안에서</u> <u>가을이</u> 가장 좋아한다.

2   <u>시원하는</u> 바람이 <u>불는</u> 가을은 독서를 하기에 좋다.

3   사람들은 예쁜 단풍나무 <u>앞에</u> 사진 찍는 <u>것이</u> 좋아하는 것 같다.

4   올 가을에는 나도 <u>친구들랑</u> 한국의 예쁜 단풍을 <u>보러 가는다.</u>

잘못된 곳 고쳐 쓰기 ❷

> 　내 좋아하는 계절이 봄이다. 추운 겨울이 갔고 따뜻한 봄이 오면 옷이 많이 입는 것을 필요가 없어서 좋다. 날씨가 좋은 날때 차를 타서 교외로 나가고 싶어진다. 그리고 봄은 모든 것이 새롭게 시작되는 계절이다. 새 학기, 새 친구, 새 선생님 등. 그래서 이런 봄이 되면 좋은 일이 기대하고 기분이 설레는다.

1　내 좋아하는 계절이 봄이다.

2　추운 겨울이 갔고 따뜻한 봄이 오면 옷이 많이 입는 것을 필요가 없어서 좋다.

3　날씨가 좋은 날때 차를 타서 교외로 나가고 싶어진다.

4　그래서 이런 봄이 되면 좋은 일이 기대하고 기분이 설레는다.

제

2 과
친한 친구

1 외모나 성격 묘사하기

2 추억 생각하며 쓰기

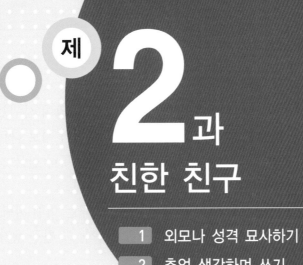

민수	끼엔, 끼엔은 한국에 와서 친구 많이 사귀었니?
끼엔	친구가 별로 많지 않아요. 언어가 서로 다르니까…… .
민수	그러니까 더 많이 사귀어야지. 특히 한국 친구를 사귀면 많은 도움을 받을 수 있을 텐데.
끼엔	그런데 선배의 제일 친한 친구는 어떤 사람이세요?
민수	나의 제일 친한 친구? 하하하. 그 친구 생각하면 웃음부터 나와.
끼엔	왜요?
민수	참 재미있고 유쾌한 친구야. 그 친구와 함께 있으면 늘 기분이 좋아.
	그 친구는 성격이 밝고 좋아서 나 외에 다른 친구도 많지.

● 여러분과 가장 친한 친구는 누구입니까?

● 그 친구의 외모와 성격은 어떻습니까?

내 친구 카즈야

라 민 돈

지금부터 내 친구를 소개하겠습니다.

내 친구의 이름은 나카시마 카즈야라고 합니다. 일본 사람인 카즈야는 올해 22살로 나와 동갑입니다. 그 친구는 내가 한국에 와서 새로 사귄 친구인데, 나와 같은 대학교에서 한국어를 배우고 있습니다. 카즈야는 키가 크지만 조금 마른 편입니다. 흰 피부에 여드름이 조금 나 있어서 자신의 얼굴이 마음에 안 든다고 합니다. 그렇지만 카즈야는 아주 성실하며 예의가 발라서 선생님과 친구들 사이에서 인기가 아주 많습니다. 내가 카즈야를 처음 만났을 때, 우리는 둘 다 한국어가 서툴러서 영어로 이야기하거나 얼굴표정이나 몸짓으로 이야기를 했습니다. 하지만 요즘은 한국어로 자연스럽게 이야기할 수 있어서 아주 좋습니다.

카즈야는 겨울이 되면 고향에 가서 스노보드 타는 것을 즐긴다고 합니다. 언제가 나도 카즈야의 나라 일본에서 스노보드를 타 보고 싶습니다.

읽은 내용 활용하기

1 다음 문장의 내용이 본문의 내용과 맞게 　　　　　를 채워 봅시다.

❶ 카즈야와 나는 나이가 　　　　　　　　　　

❷ 카즈야는 　　　　　　　　　　에서 만난 친구이다.

❸ 카즈야는 　　　　　　　　　　기 때문에 인기가 많다.

❹ 카즈야와 나는 요즘에는 서로 한국어로 말이 잘 　　　　　　

2 다음의 　　　　안에 알맞은 말을 앞의 글에서 찾아 문장에 맞게 고쳐 쓰십시오.

❶ 장소이는 한국어는 　　　　　　　　　　영어는 아주 유창하게 잘 한다.

❷ 한국에 유학 와서 나는 친구를 많이 　　　　　　　　　　

❸ 우리 반 야끼꼬는 예의가 　　　　　　　　　　친구들도 선생님도 모두 좋아한다.

❹ 사춘기에는 얼굴에

문형과 표현 익히기

✱ 주어진 표현을 사용하여 문장을 완성합시다.

❶ –(이)라고 하다

○ 요리하는 사람을 ＿＿＿＿＿＿＿＿＿＿＿＿ 합니다. (요리사)

○ 아버지의 남동생을 ＿＿＿＿＿＿＿＿＿＿＿ 합니다. (삼촌)

○ 한국말 / 아침인사 / 안녕하세요

　➡ ＿＿＿＿＿＿＿＿＿＿＿＿＿＿＿＿＿＿＿＿

○ ＿＿＿＿＿＿＿＿＿＿＿＿＿＿＿＿＿＿＿＿＿＿

❷ –(이)ㄴ데/–(으)ㄴ는데

○ 우리 선생님은 ＿＿＿＿＿＿＿＿＿＿＿ 아주 예쁩니다. (여자)

○ 제 동생은 미국에 ＿＿＿＿＿＿＿＿＿＿ 이번 방학 때 돌아옵니다. (살다)

○ 마이클 씨 / 미국사람 / 인기가 많다

　➡ ＿＿＿＿＿＿＿＿＿＿＿＿＿＿＿＿＿＿＿＿

○ ＿＿＿＿＿＿＿＿＿＿＿＿＿＿＿＿＿＿＿＿＿＿

문형과 표현 익히기

❸ -(으)ㄴ/는 편이다

- 민희는 우리 반에서 ░░░░░░░░░░░░░░░░ (날씬하다)

- 영수는 여학생들에게 인기가 ░░░░░░░░░░░░░░░░ (많다)

- 나 / 스트레스가 쌓이다 / 많이 먹다
  ➡ ░░░░░░░░░░░░░░░░░░░░░░░░░░░░

  ○ ░░░░░░░░░░░░░░░░░░░░░░░░░░░░

❹ -처럼

- 우리 선생님은 ░░░░░░░░░░░░ 무섭습니다. (호랑이)

- 나도 ░░░░░░░░░░░░░░░░░░░░░░

- 왕핑 / 한국인 / 한국말을 잘 하다
  ➡ ░░░░░░░░░░░░░░░░░░░░░░░░░░░░

  ○ ░░░░░░░░░░░░░░░░░░░░░░░░░░░░

미완성 글 완성하기

✻ 글 내용에 따라 (   )를 적당히 채워 보십시오.

1

　　(　　　)이 밝고 활기찬 유노는 우리 학교 최고의 춤꾼이다. 파란색을 좋아하고, 편안한 청바지와 모자를 자주 쓰고 다닌다. 유노의 (　　　)는 빠른 음악을 들으면서 춤을 추는 것이다. 노래도 잘 못 부르고, 춤도 잘 못 추는 나는 유노가 너무 부럽다.

2

　　내 친구 루리는 한국대학교 음악학과 3학년이다. 어릴 때부터 피아노와 기타를 배웠고, 지금은 기타를 아주 잘 (　　　). 루리의 꿈은 한국에서 최고의 (　　　　　)가 되는 것이다. 나는 열심히 노력하는 루리가 (　　　　　　　).

3

　　지금부터 내 친구를 (　　　　　　　　　　).
　　내 친구 이름은 미유키(　　　　　　). 나이는 스물네 살이고, 직업은 빵을 만드는 요리사이다. 미유키는 얌전하고 꼼꼼하며, 활동적인 것을 싫어한다. (　　　) 남자친구들보다 여자친구들이 더 많다. 지난 주, 미유키가 직접 만든 쿠키를 생일선물로 받았는데 정말 (　　　　　　　).

생각하기

1 제시된 단어와 관련 있는 단어를 더 써 봅시다.

❶ 성 격

착하다, 활발하다,

❷ 외 모

귀엽다, 키가 크다,

2 제일 친했던 친구 이름을 쓰고, 친구의 특징을 몇 개의 단어로 써 봅시다.

학교	친구 이름	친구의 특징
유치원		
초등학교		
중학교		
고등학교		

한 편의 글쓰기

1 기억나는 친구를 한 명 머릿속에 떠올려 봅시다.

❶ 그 친구의 이름과 직업은 무엇이며, 나이는 몇 살입니까?

❷ 그 친구는 어떻게 생겼으며, 성격은 어떻습니까? 잘 하는 것은 무엇입니까?

❸ 친구와의 추억이나 기억나는 일을 써 봅시다.

한 편의 글쓰기

2 앞의 **1** 을 바탕으로 '내 친구'라는 제목으로 친구를 소개하는 글을 써 봅시다. (7~10문장)

> 내 친구

잘못된 곳 고쳐 쓰기 ❶

나는 친구 이름은 김경아라고 한다. 지금은 우리 대학교 중국어학부 2학년이다. 나이는 스물한 살이다.

경아는 얼굴이 예쁘고 키가 크다. 성격은 친절하고 착하고 조용하다. 경아는 공부가 잘 했는데 청소는 싫다고 한다. 주말에는 주로 컴퓨터를 했거나 잠을 자고 친구들과 놀는다고 한다.

경아가 좋아한 남자는 옆방에 살는 일본사람이다. 그런데 아직 인사를 한 번이나 못했다고 한다.

---

1 나는 친구 이름은 김경아라고 한다.

2 경아는 공부가 잘 했는데 청소는 싫다고 한다.

3 주말에는 주로 컴퓨터를 했거나 잠을 자고 친구들과 놀는다고 한다.

4 경아가 좋아한 남자는 옆방에 살는 일본사람이다.

5 그런데 아직 인사를 한 번이나 못했다고 한다.

잘못된 곳 고쳐 쓰기 ❷

내가 좋아하는 친구는 선호이다. 선호는 우리 반에서 키가 제일 크고 날씬하는 편이다. 그리고 눈이 조금 크고 코가 오뚝한다. 둥근 얼굴에 주근깨가 조금 나서 귀여운 보인다. 게다가 선호는 마음씨가 좋고 친절해서 친구들에게 인기가 크다. 선호는 처음에 한국어를 잘 못했지만 열심히 노력해서 한국어 실력이 많이 잘한다. 나는 성실한 선호가 참 좋다.

1 선호는 우리 반에서 키가 제일 크고 <u>날씬하는</u> 편이다.

2 그리고 눈이 조금 크고 코가 <u>오뚝한다.</u>

3 둥근 얼굴에 주근깨가 조금 나서 <u>귀여운</u> 보인다.

4 게다가 선호는 마음씨가 좋고 친절해서 친구들에게 인기가 <u>크다.</u>

5 선호는 처음에 한국어를 잘 못했지만 열심히 노력해서 한국어 실력이 많이 <u>잘한다.</u>

3과
소중한 물건

지혜　사키, 이 사진에 있는 곰 정말 크구나.

사키　그렇지? 나도 이거 받을 때 깜짝 놀랐어.

지혜　누구한테 받는데?

사키　크리스마스 날 할아버지한테 받았어. 내가 외동딸이라 외
　　　로워하니까 친구처럼 지내라고 사 주셨어.

지혜　정말 좋은 할아버지구나. 곰도 예쁘고.

사키　응. 정말 좋은 할아버지지.
　　　이 곰이 내가 가지고 있는 물건 중 보물 1호야.

● 여러분이 가지고 있는 소중한 물건은 무엇입니까?

● 그 물건을 소중히 생각하는 이유는 무엇입니까?

나의 소중한 물건

에 레 나

　나의 소중한 물건은 휴대폰이다.

　이 휴대폰은 내가 한국에 오기 전에 부모님께서 사 주신 것이다. 작년 봄에 선물로 받았다. 휴대폰을 받은 지 1년이 지났다.

　나는 이 휴대폰으로 고국에 계신 부모님과 친구들에게 연락을 한다. 일주일에 2번 정도 전화를 한다. 전화로 부모님의 목소리를 들으면 기분이 좋아진다. 그러나 전화 요금이 비싸서 길게 통화하지 못한다.

　보고 싶은 부모님과 친구의 목소리를 들을 수 있게 해주는 이 휴대폰은 나에게 아주 소중한 물건이다. 만약 휴대폰을 잃어버리면 슬퍼질 것이다. 이 선물을 받고 나서 가족끼리 저녁을 먹으러 외식을 했는데, 휴대폰이 너무 좋아서 밥을 어떻게 먹었는지 기억이 나지 않는다. 밥을 먹으면서 계속 휴대폰을 만지작거렸기 때문이다.

　휴대폰에는 가족하고 찍은 사진도 있다. 그래서 가끔 보고 싶은 가족을 볼 수 있다. 사진을 보면 빨리 한국에서 학교를 졸업하고 러시아에 돌아가고 싶다. 그러기 위해서 한국어 공부를 열심히 할 것이다.

읽은 내용 활용하기

1 다음 문장의 내용이 앞글의 내용과 같게 ▨▨▨▨▨ 를 채워 봅시다.

① 에레나는 부모님의 목소리를 들으면 ▨▨▨▨▨▨▨▨▨▨▨▨▨

② 부모님과 통화를 길게 못하는 이유는 ▨▨▨▨▨▨▨▨▨▨▨▨

③ 에레나는 선물로 받은 휴대폰이 좋아서 밥을 먹으면서 계속 ▨▨▨▨▨

④ 휴대폰에는 ▨▨▨▨▨▨▨▨▨▨ 사진이 있다.

2 자기가 소중하게 여기는 물건을 자세하게 설명하는 문장을 만들어 봅시다.

> 내가 소중하게 생각하는 물건은 핸드폰이다.
>
> ➡ 내가 아주 소중하게 생각하는 물건은 아빠가 사 준 핸드폰이다.
>
> ➡ 내가 세상에서 가장 소중하게 생각하는 물건은 작년 내 생일에 아빠가
> 선물로 사 준 핸드폰이다.

> 내가 (   ) 물건은 (   )이다.
>
> ➡
>
> ➡

문형과 표현 익히기

1 다음의 문장을 읽으면서 줄 친 표현들을 익힙시다.

❶ -은/는   -(으)ㄴ/는 것이다

> 이 시계는 내가 가장 아끼는 것이다.
> 이 책은 나에게 가장 소중한 것이다.
> 이 핸드폰은 내가 사고 싶은 것이다.

❷ -(으)ㄴ 지 (시간)이 되다

> 이 옷을 산 지 3년이 되었다.
> 우리는 밥을 먹은 지 30분이 되었다.
> 할아버지께 이 책을 받은 지 15년이 되었다.

2 '-은/는   -(으)ㄴ/는 것이다'를 사용하여 문장을 바꿔 써 봅시다.

❶ 할머니가 이 모자를 주셨다.

❷ 친구가 이 시계를 사 주었다.

❸ 나는 이 사진을 10년 전부터 보관하고 있다.

문형과 표현 익히기

3 주어진 단어로 '-(으)ㄴ 지 (시간)이 되다' 문장을 만들어 봅시다.

① 그 소설책 / 6개월 / 읽다

➡

② 이 시계 / 결혼선물로 / 20년 / 받다

➡

③ 나 / 한국 / 5년 / 오다

➡

④ 밥 / 30분 / 먹다

➡

미완성 글 완성하기

✱ 글 내용에 따라 (　　　)를 적당히 채워 보십시오.

1

　내가 가지고 있는 가장 나쁜 버릇은 (　　　)이다. 특히 아침에 알람시계가 없으면 (　　　　　　) 못한다. 늦잠을 자는 것을 (　　　　　　) 노력도 해보았지만 쏟아지는 잠은 어쩔 수 없었다.
　매일 지각하는 나를 구해준 알람시계는 현재 나에게 가장 (　　　　) 물건이다.

2

　나의 가장 (　　　) 물건은 거울이다. 왜냐하면 (　　　) 때, (　　　) 때, (　　　) 때, 나는 내 얼굴을 보면서 웃는 연습을 한다. 그래서 나는 가방 안에 항상 거울을 넣고 다닌다. 친구들은 공주병이라고 (　　　　), 나는 거울이 (　　　) 허전하다.

3

　내가 한국에 (　　　) 3년이 흘렀다. 처음에 한국말을 (　　　　　　) 힘들었다. 그래서 나는 열심히 아르바이트 한 돈으로 전자사전을 구입했다. 그리고 (　　　　　) 단어가 나오면 바로 찾아서 외웠다. 그 결과, 나는 (　　　　　　　　　　)

생각하기

1 여러분이 가지고 있는 물건의 이름을 모두 써 봅시다.

2 다음 단어의 뜻을 알아봅시다.

생일선물	결혼선물	집들이선물	전해주다
아끼다	소중하다	귀중하다	보관하다

❶ 생일선물 : _____

❷ 결혼선물 : _____

❸ 집들이선물 : _____

❹ 전해주다 : _____

❺ 아끼다 : _____

❻ 소중하다 : _____

❼ 귀중하다 : _____

❽ 보관하다 : _____

한 편의 글쓰기

1 다음의 질문에 답해 보십시오.

❶ 여러분에게 가장 소중한 물건은 무엇입니까?

❷ 누가 주었습니까?

❸ 언제 갖게 되었습니까?

❹ 왜 그것이 소중합니까?

❺ 소중한 것을 어떻게 하고 있습니까?

한 편의 글쓰기

2 앞의 **1** 을 바탕으로 소중한 물건을 소개하는 글을 써 봅시다.

잘못된 곳 고쳐 쓰기 ①

> 내가 소중하는 것은 '해피'이다. 해피는 15번째 생일날 아버지께서 사 주는 강아지인데, 우리 집에 오는 지 벌써 5년이 지났다. 해피와 처음 만나는 날, 이름을 지어주고 같이 공원에 갔서 산책을 했다.
> 그리고 외아들인 내가 외롭 때마다 해피가 함께 있어 주어서 얼마나 고마웠는지 모르겠다. 만약 해피를 한국에 데리고 올 수 있는다면 친구들에게 보여 주고 싶다. 지금 고향에서 해피가 건강하게 지내고 있는지 궁금하다.

1 내가 소중하는 것은 '해피'이다.

2 해피는 15번째 생일날 아버지께서 사 주는 강아지인데, 우리 집에 오는 지 벌써 5년이 지났다.

3 해피와 처음 만나는 날, 이름을 지어주고 같이 공원에 갔서 산책을 했다.

4 그리고 외아들인 내가 외롭 때마다 해피가 함께 있어 주어서 얼마나 고마웠는지 모르겠다.

5 만약 해피를 한국에 데리고 올 수 있는다면 친구들에게 보여주고 싶다.

잘못된 곳 고쳐 쓰기 ②

반지는 나에게 가장 소중한 것이다. 남자친구와 사귀는 지 1년이 됐을 때 선물으로 받은 것이다. 이 반지를 볼 때마다 남자친구가 보고 싶다.
작년 5월 우리는 같이 영화를 봤고 놀이동산에 갔서 재미있게 놀았다. 그리고 그날 우리는 반지를 사서 서로에게 선물하고 소중하는 추억을 만들었다. 남자친구는 중국에서 학교를 졸업하고 지금 회사에 다녔다.

1   남자 친구와 <u>사귀는</u> 지 1년이 됐을 때 선물<u>으로</u> 받은 것이다.

2   작년 5월 우리는 같이 영화를 봤고 놀이동산에 <u>갔서</u> 재미있게 놀았다.

3   그리고 그날 우리는 반지를 사서 서로에게 선물하고 <u>소중하는</u> 추억을 만들었다.

4   남자친구는 중국에서 학교를 졸업하고 지금 회사에 <u>다녔다.</u>

제

4과

즐거운 상상

타오 미나 씨, 어디 가세요?

미나 아, 네. 복권 사러 가요. 어제 돼지꿈을 꿨거든요.

타오 돼지꿈을 꾼 거랑 복권을 사는 거랑 무슨 관계가 있는데요?

미나 한국에서는 돼지꿈을 꾸면 돈이 생긴다는 말이 있거든요.

타오 정말요? 그럼 빨리 복권을 사러 가세요. 당첨 되면 한턱내세요.

미나 네. 물론이죠.

● 만약 여러분이 복권에 당첨된다면 무엇을 하겠습니까?

● 만약 다시 태어난다면 어떻게 살고 싶습니까?

들어 보기

♬♪ 인터넷에서 '내가 만일' 이란 노래를 찾아 들어보면서 다음
빈 칸에 들어갈 말을 생각해 봅시다.

내가 만일 ☐ 이라면

그대 ☐ 에 물들고 싶어

················   ················

내가 만일 ☐ 이라면

그대 위해 ☐

☐ 싶어

················   ················

················   ················

················   ················

내가 만일 ☐ 이라면

그대 위해 ☐ 가 되겠어

☐ 처럼

☐ 싶어

················   ················

················   ················

☐ 나의 사람아 너는 아니

이런 나의 마음을

들은 내용 활용하기

1   들은 노래는 무엇에 대한 노래입니까?

     ☐ 내가 되고 싶은 것을 상상한 노래

     ☐ 아름다운 동화에 대한 노래

     ☐ 잠을 자면서 꾼 꿈에 대한 노래

     ☐ 사랑하는 사람에게 사랑을 고백하는 노래

2   노래에서 '이런 나의 마음'은 어떤 마음입니까?

     ○ _____

     ○ _____

     ○ _____

     ○ _____

3   노래처럼 여러분이 되고 싶은 것을 상상하여 써 봅시다.

     ○ 내가 만일 _____ (이)라면

         _____ 고 싶다.

         _____ 처럼 _____ 고 싶다.

     ○ 내가 만일 _____ (이)라면

         _____ 고 싶다.

         _____ 처럼 _____ 고 싶다.

문형과 표현 익히기

1 다음의 표현을 넣어서 문장을 완성해 봅시다.

❶ -(이)라면,   -ㄴ/는다면

○ 내가 텔레비전에 나온다면 정말 좋을 것 같다.

○ 친구가 나에게

○ 내가   가난한 사람들을 도울 것이다.

○ 내일 지구가

❷ -(으)ㄹ 수 있다면

○ 내가 좀 더 운동을 잘 할 수 있다면 좋겠다.

○ 내가   전 세계를 여행해 보고 싶다.

○ 내가   초등학교 시절로 돌아갈 것이다.

○ 그 사람을 다시   꼭 한번 만나고 싶다.

❸ -(으)면 좋겠다

○ 고향에 계신 부모님이 건강하셨으면 좋겠다.

○ 날씨가 좀 더

○ 나도 한국 사람처럼 한국어를

○ 나는 그 사람이

○ 나는 10년 후에

미완성 글 완성하기

✽ 글 내용에 따라 ( )를 적당히 채워 보십시오.

1

내가 ( ) 어떻게 수업을 할 지 생각해 보았다.
나는 ( )을 좋아하고 가르치는 일을 좋아하
기 때문에 ( ) 선생님이 어울릴 것이다. 실제로
내가 ( ) 선생님이 된다면, (
).

2

나는 어릴 때부터 ( ). 왜냐하면 우
리 집이 너무 가난해서 ( )기 때문이다.
그래서 나에게 돈이 많이 ( ), 먹고 싶었
던 것을 먹고, 사고 싶었던 것을 사고, ( )
고 싶다.

3

만약 타임머신이 있다면, 나는 ( ) 시절로
돌아가고 싶다. 돌아가서 다시 ( )를
하고 싶다. 왜냐하면 ( )기 때문
이다.
지금도 그때를 생각하면 ( )다.

생각하기

1 여러분은 이런 상상을 해 봤습니까? 보기 와 같이 상상하여 써 봅시다.

보기

내가 경찰이 된다면 <u>불쌍한 사람들을 잘 도와주는</u> 경찰이 될 것이다.

❶ 내가 선생님이 된다면 _____ 선생님이 될 것이다.

❷ 내가 가수가 된다면 _____

❸ 내가 _____

❹ 내가 _____

❺ 내가 _____

생각하기

2 다음 글을 읽고 문장의 내용이 본문의 내용과 맞게 ＿＿＿＿＿ 를 채워 봅시다.

> 부산의 30대 회사원 박 씨는 로또 2등에 당첨되어 3,000만 원을 받았다. 그는 복권에 당첨되면 친구한테 1,000만 원을 주기로 약속했기 때문에 먼저 그 친구에게 약속한 돈을 주었다. 그리고 나머지 2,000만 원은 자신의 학교에 장학금으로 기부하였다. 몇 달 후 그는 다시 로또 3등에 당첨됐는데, 이번에는 당첨금을 혼자 사시는 이웃집 할머니께 세탁기를 사 드리는 데 썼다. 박 씨는 그 돈이 자신의 돈으로 생각되지 않았기 때문에 자신을 위해서는 조금도 쓰지 않았다.

❶ 30대 회사원인 박 씨는 복권에 ＿＿＿＿＿ 3,000만 원을 받았다.

❷ 1,000만 원은 ＿＿＿＿＿, 2,000만 원은 학교에 ＿＿＿＿＿.

❸ 박 씨는 복권을 자신의 돈으로 ＿＿＿＿＿ 남을 위해서 ＿＿＿＿＿.

3 여러분이 만일 복권에 당첨된다면 그 당첨금을 어디에 쓰겠습니까? 간단하게 써 보십시오.

만일 내가 복권에 당첨된다면

우선 ＿＿＿＿＿ 겠다.

그 다음 ＿＿＿＿＿ 고 싶다.

그리고 남은 돈으로는 ＿＿＿＿＿ 할 것이다.

한 편의 글쓰기

1 다음 지시에 따라 글을 써 봅시다.

❶ 다음의 글 뒤에 자신의 생각을 간단히 써 봅시다.

> ○ 다시 태어난다면 _____
>
> ○ 지금 고등학생이라면 _____
>
> ○ 복권이 당첨된다면 _____
>
> ○ 대통령이 된다면 _____
>
> ○ 지하철에서 이상형의 남자/여자를 만난다면 _____
>
> _____

❷ 여러분이 하고 싶은 일이나 되고 싶은 사람을 이야기해 봅시다.
그리고 그 이유가 무엇인지도 이야기해 봅시다.

❸ 상상을 해 보면 어떤 점이 좋습니까? 말해 봅시다.

한 편의 글쓰기

2 '만약에 −(이)라면, −ㄴ/는다면' 을 제목에 넣어 글을 써 봅시다.

잘못된 곳 고쳐 쓰기

　어렸을 때 나는 예쁜 비행기 승무원이 되고 싶는다고 공상한다. 왜냐하면 돈을 많이 벌 수 있는 직업이기 때문이다. 돈이 많이 있으면 하고 싶은 것을 할 수 있고 또 유익한 일을 할 수 있다고 생각한다. 첫 번째 부모님께 집을 사 드리고 싶는데, 예쁜 단층집으로 그렇게 크지 않고 아름다운 바다에서 가까운 곳이었으면 좋겠다. 그러면 부모님은 아주 기뻐할 것이다. 두 번째 세계 일주를 하고 싶다. 가고 싶는 나라는 많이 있다만 그 중에서 특히 미국과 뉴질랜드와 러시아와 호주에 오고 싶다. 자주 가는 나라는 그 곳에 집을 사고 싶다. 한국에 자주 갔으면 서울에 아파트 한 채를 살러 한다. 마지막은 가난한 사람에 물건이나 돈을 헌납하고 동물에 대한 재단을 건립하려고 하는 데 도움을 주어 싶다. 어쨌든 내 생각에는 누구든지 돈이 아주 많이 있는 사람이라면 사회를 위해 도움이 되어야만 생각한다.

잘못된 곳 고쳐 쓰기

1 어렸을 때 나는 예쁜 비행기 승무원이 되고 <u>싶는다고</u> <u>공상한다.</u>

2 첫 번째 부모님께 집을 사 드리고 <u>싶는데</u>

3 가고 <u>싶는</u> 나라는 많이 <u>있다만</u> 그 중에서 특히 미국과 뉴질랜드와 러시아와 호주에 <u>오고</u>
   <u>싶다.</u>

4 한국에 자주 <u>갔으면</u> 서울에 아파트 한 채를 <u>살러 한다.</u>

5 마지막은 가난한 <u>사람에</u> 물건이나 돈을 <u>헌납하고</u> 동물에 대한 재단을 건립하려고 하는
   데 도움을 <u>주어 싶다.</u>

6 어쨌든 내 생각에는 누구든지 돈이 아주 많이 있는 사람이라면 사회를 위해 도움이 <u>되어</u>
   <u>야만</u> 생각한다.

제 **5**과

희망사항

1 외모나 성격에 관한 생각 표현하기
2 수식문장 만들기

미라 지은 씨, 어제 소개팅했다면서요? 어땠어요?

지은 괜찮았는데, 제 이상형은 아니었어요.

미라 지은 씨의 이상형은 어떤 사람인데요?

지은 유머가 있으면서도 좀 과묵한 사람이 좋아요. 미라 씨는요?

미라 저도 너무 말이 많은 사람은 싫지만, 저와 대화가 통하는 사
      람이면 좋겠어요. 똑똑하고, 키도 크고, 운동도 잘 하는 사람
      이 좋아요.

지은 눈이 너무 높은데요? 미라 씨, 결혼하기 힘들겠는데…….
      호호.

● 어떤 외모를 가진 사람이 좋습니까?

● 어떤 성격의 사람을 만나고 싶습니까?

들어 보기

♬♪ 인터넷에서 '희망 사항'이란 노래를 찾아 들어보면서
다음 빈 칸에 들어갈 말을 생각해 봅시다.

	여자

	여자

	여자

난 그런 여자가 좋더라.

....

....

	여자

....

....

	여자

	여자

뚱뚱해도 다리가 예뻐서 | | 여자

....

	여자

나를 만난 이후로 | | 여자

....

	이 정말 거창하군요.

....

난 그런 | | 가 좋더라.

들은 내용 활용하기

1 노래를 들으면서 다음 _____에 알맞은 말을 써 봅시다.

❶ 외모

○ 나는 옷 중에서는 청바지가 잘 어울리고

_____

_____ 그런 여자/남자가 좋더라.

❷ 성격

○ 나는 내 얘기가 재미없어도 많이 웃어주는 착한 성격에

_____

_____

_____ 그런 여자/남자가 좋더라.

❸ 그 외

○ 그리고 나는

_____

_____

_____ 그런 여자/남자가 좋더라.

미완성 글 완성하기

1 ( ) 속의 단어를 가지고 ░░░░░ 안에 꾸며주는 말을 만들어 자기의 이상형이라고 생각하는 사람을 표현해 봅시다.

> 보기
>
> ## 성격이 조용한 여자/남자가 좋다/싫다 (성격)

❶ ░░░░░░░░░░░░░░░░░ 여자/남자가 좋다/싫다. (담배)

❷ ░░░░░░░░░░░░░░░░░ 여자/남자가 좋다/싫다. (술)

❸ ░░░░░░░░░░░░░░░░░ 여자/남자가 좋다/싫다. (웃다)

❹ ░░░░░░░░░░░░░░░░░ 여자/남자가 좋다/싫다. (능력)

❺ ░░░░░░░░░░░░░░░░░ 여자/남자가 좋다/싫다. (유머)

❻ ░░░░░░░░░░░░░░░░░ 여자/남자가 좋다/싫다. (사교적이다)

❼ ░░░░░░░░░░░░░░░░░ 여자/남자가 좋다/싫다. (과묵하다)

❽ ░░░░░░░░░░░░░░░░░ 여자/남자가 좋다/싫다. (부드럽다)

미완성 글 완성하기

2   자신의 희망사항을 가지고 이상형에 대한 글을 써 봅시다.

❶ ░░░░░░░░░░░ 고 ░░░░░░░░░░░░ –(으)ㄴ는 여자/남자가 좋다.

❷ ░░░░░░░░░░░ 지만 ░░░░░░░░░░ –(으)ㄴ는 여자/남자가 좋다.

❸ ░░░░░░░░░░░ 고 ░░░░░░░░░░░░ –(으)ㄴ는 여자/남자가 싫다.

❹ ░░░░░░░░░ –(으)ㄴ는 사람은 ░░░░░░░░░ –아/어여서 좋다.

❺ ░░░░░░░░░ –(으)ㄴ는 사람은 ░░░░░░░░░ –아/어여서 싫다.

❻ ░░░░░░░░░░░ 고 ░░░░░░░░░░ –(으)ㄴ는 사람은
    ░░░░░░░░░ (으)ㄹ 것 같다.

3   친구의 이상형을 물어보고 간단하게 써 봅시다.

> ░░░░░░░░ 씨는 ░░░░░░░░░░░░ 을/를 좋아하지만
>
> ░░░░░░░░░░░░░░░░░░░░ –아/어여서
>
> ░░░░░░░ 을/를 싫어한다고 한다.

생각하기

1 다음 단어의 의미를 알아보고 아래에 있는 문장의   안에 들어갈 수 있는 말을 적어 봅시다.

> 눈, 코, 입, 키, 손, 발, 머리, 피부색, 몸매, 체격, 나이 차, 애교, 개성, 수다, 성깔, 성격, 성질, 정, 매너, 특기, 취미, 유머, 공부, 성적, 능력, 집안, 직업, 말, 내색, 가치관, 인생관, 배려, 혈액형, 옷차림, 감각, 야위다. 통통하다, 뚱뚱하다, 늘씬하다, 마르다, 과묵하다, 소심하다, 대범하다, 명랑하다, 쾌활하다, 소극적이다, 적극적이다, 세심하다, 깔끔하다, 털털하다, 착하다, 부드럽다, 따뜻하다, 냉정하다, 온화하다, 평범하다, 이기적이다, 거세다, 웃는다

❶   에 따라 사람들의 성격이 다르다.

❷ 뭐든지 자기 마음대로 하려는   인 사람은 다른 사람들이 별로 좋아하지 않는다.

❸ 그 남자는 친절하고   이 좋아서 여자들에게 인기가 많다.

❹ 아무리   이 많은 한국 사람이라도 이 문제는 냉정하게 처리해야 한다.

❺ 나는 성격이   다른 사람의 농담에도 쉽게 상처 받는다.

❻ 그 사람은 성격이   다른 사람들이 아무리 농담을 해도 웃고 넘긴다.

❼ 말이 많은 사람은   떨기를 좋아하지만, 반대로   한 사람은 말이 적다.

❽ 부모님은 아무리 힘들어도 힘든 ⬚⬚⬚⬚⬚ 한번 하지 않고 우리를 위해 늘 수고하신다.

❾ 예전에는 ⬚⬚⬚⬚⬚ 사람들이 인기가 많았지만 요즘은 재미있는 말을 잘 하는 ⬚⬚⬚⬚⬚가 있는 사람이 인기가 더 많다.

2   **1** 의 단어 중에서 '나' 와 관련 있는 단어, '친구' 와 관련 있는 단어를 찾아 아래의 표 안에 각각 넣어 봅시다.

'나' 의 특징

키	
눈	
몸매	
성격	
공부(성적)	
말	
취미	
혈액형	
특기	
가치관	

'친구' 의 특징

한 편의 글쓰기

1 여러분은 '남자친구' 혹은 '여자친구'를 선택할 때 무엇을 중요하게 생각합니까? 중요한 순서대로 번호를 써 봅시다.

> ❶ 외모　　❷ 학벌　　❸ 능력　　❹ 가정환경　　❺ 건강
>
> ❻ 취미　　❼ 유머 감각　❽ 패션 감각　❾ 재능(노래, 춤)
>
> ❿ 대인 관계

중요한 순서 : _____

2 **1** 의 중요한 순서 중, 3가지를 골라 보기 같이 구체적인 내용과 이유를 써 봅시다.

보기	
취미	○ 테니스를 같이 칠 수 있는 사람
	이유 : 취미가 같으면 더욱 재미있게 데이트를 할 수 있기 때문이다.

	○
	이유 :

	○
	이유 :

	○
	이유 :

한 편의 글쓰기

3 **2** 의 표를 보면서 이를 바탕으로 다음의 주제 중 하나를 골라서 글을 써 봅시다.

> 가) 내가 만나고 싶은 이상형
>
> 나) 여자친구/남자친구를 선택할 때 중요한 것
>
> 다) 배우자의 조건

6과
전하고 싶은 마음

사키   지혜야, 뭘 그렇게 열심히 써?

지혜   일본에서 1년간 일본어를 가르쳐 주셨던 선생님께 편지를
        쓰고 있어.

사키   편지? 자주 선생님께 편지 보내?

지혜   아니, 오늘이 스승의 날이잖아. 직접 쓴 편지를 보내드리면
        기뻐하실 것 같아서.

사키   맞다. 가끔 우편으로 온 편지를 받으면 기분이 좋아.

지혜   그럼 너도 한번 써 보는 게 어때? 자, 여기 편지지 있어.

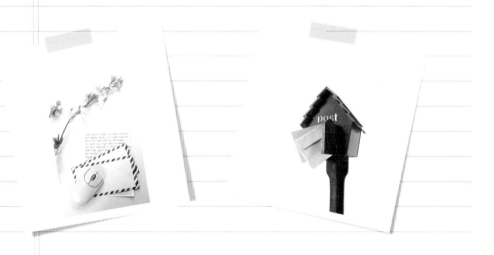

● 여러분의 소식을 친구나 부모님께 어떻게 전하고 있습니까?

● 주로 언제 편지를 씁니까?

보고 싶은 이선희 선생님께

선생님, 그동안 안녕하셨어요?
무더웠던 여름도 지나고 어느덧 시원한 바람이 아침저녁으로 부는 가을이
되었네요. 선생님은 여전히 건강하시죠? 저도 선생님 덕분에 아주 잘 지내
고 있습니다.

지난 학기에는 선생님과 함께 한국어를 공부할 수 있어서 너무 즐거웠습
니다. 처음에는 어렵기만 했던 한국어를 선생님이 잘 설명해주시고 가르쳐
주셔서 저도 모르는 사이에 한국어를 아주 좋아하게 되었습니다. 선생님,
다시 한 번 진심으로 감사드립니다.

지금은 중급반에서 공부하고 있습니다. 초급 때와는 달리 외워야 할 어
휘나 문법이 아주 많아서 힘들기도 하지만, 여러 선생님들과 친구들의 도
움을 받으면서 열심히 하고 있습니다. 요즈음 가끔 즐거웠던 지난 학기의
추억이 떠올라 그리워질 때가 있습니다.

선생님이 많이 뵙고 싶습니다. 다음에 또 연락드리겠습니다.
몸 건강히 안녕히 계십시오.

2007년 9월 19일
다나카 사오리 올림

읽은 내용 활용하기

✻ 다음의 질문에 알맞은 답을 써 봅시다.

1   앞의 편지는 누가 누구에게 쓴 것입니까?

_____

2   계절 인사를 찾아 아래에 써 보십시오.

_____

_____

3   다음 내용이 본문의 내용과 맞게   를 채워 봅시다.

❶ 이 편지는 선생님의   묻고 내   전하기 위해서 썼다.

❷ 초급 한국어는 처음에   , 선생님의   에 한국어를 좋아하게 되었다.

❸ 중급한국어는 초급한국어와 달리   문법이 많다.

❹ 지금도 즐겁게   , 가끔씩 지난 학기가   때도 있다.

4   이선희 선생님께 쓴 편지를 친구에게 쓰는 편지로 바꿔 봅시다.

미완성 글 완성하기

✲ 글 내용에 따라 (   )를 적당히 채워 보십시오.

1

선생님께

선생님, 안녕하셨습니까? 저는 태국 학생 쏫샤라입니다. 요즘 수업하시느라 (   )? 다름이 아니라 오늘 제가 수업 시간에 선생님을 화나시게 한 것 같아 (   )는 말씀을 전하려고 편지를 썼습니다. 제가 말실수를 하여 선생님이 오해하신 것 같습니다. 앞으로 조심하겠습니다. 안녕히 계십시오.

2

어머니께

어머니, 건강하게 (   )? 따뜻한 봄의 계절입니다. 곧 산에는 예쁜 꽃이 많이 (   )? 다가오는 5월 8일이 한국에서는 어버이날이라서 이렇게 어머니가 생각나서 (   ).

모든 것이 감사해야 할 일이지만, 특히 저번에 제가 아팠을 때 밤새 주무시지 않고 저를 간호해 주신 일이 (   ). 고맙습니다, 어머니.

자주 편지 쓰겠습니다. 건강하십시오.

3

내 친구 영희에게

영희야 안녕? 나 왕핑(   ). 그동안 (   )?

난 고향에 돌아온 후에 통역하는 회사에 취직하여 잘 다니고 있단다. 회사의 일이 피곤할 때면 너와 함께 지내던 한국에서의 (   ). 너는 나에게 무척 잘 대해 주는 친구였어. 정말 여러 가지 (   ). 시간 나면 우리 고향에 꼭 한번 (   ). 내가 좋은 곳에 (   ).

그럼 (   ). 안녕!

생각하기

1 다음의 표현을 보기 와 같이 높임말로 바꿔 써 봅시다.

> **보기**
> 안녕? → 안녕하십니까?

❶ 그동안 잘 있었니?

➡

❷ 몸은 건강하니?

➡

❸ 나는 잘 지내고 있어.

➡

❹ 소식을 못 전해 미안해.

➡

❺ 그럼, 오늘은 이만 줄일게.

➡

❻ 잘 있어.

➡

한 편의 글쓰기

〈편지 쓰는 형식〉

1. 받는 이의 이름과 호칭
   - 친구나 아랫사람은 '에게'를 붙이고, 부모님이나 선생님일 때는 '께'를 붙인다. 이름 앞에는 '보고 싶은, 그리운, 사랑하는, 존경하는' 등을 쓰기도 한다.
2. 첫인사
   - 그동안 잘 지냈는지 물어본 후 자신의 안부를 전한다. 이때 계절 인사를 같이 하는 것이 좋다.
3. 감사인사나 사과의 말이 있으면 쓴다.
4. 편지를 쓴 목적에 맞게 자신이 하고 싶은 말을 쓴다.
5. 마무리와 끝인사
6. 날짜 (연, 월, 일 순서로)
7. 자신의 이름을 쓰고 그 뒤에 '씀'이나 '드림', '올림'을 쓴다.
8. 추신(ps.)
   - 본문에 쓰지 못한 말이나 특별히 부탁하고 싶은 말이 있을 때는 '추신'이라고 하고 쓰면 된다.

1 편지 형식에 따라 쓸 내용을 메모해 봅시다.

1) 받는 이 :

2) 편지의 종류 :

3) ① 첫인사 :

　　② 내용 :

　　③ 끝인사 :

74

2 앞의 **1** 을 바탕으로 편지를 써 봅시다.

● 두려움 때문에 갖는 존경심만큼 비열한 것은 없다.

Nothing is more despicable than respect based on fear.

– Albert Camus(알베르 카뮈) [프랑스 작가, 1913-1960]

● 사랑은 두 사람이 마주 쳐다보는 것이 아니라 함께 같은 방향을 바라보는 것이다.

Love does not consist in gazing at each other, but in looking together in the same direction.

– Antoine de Saint-Exupery(앙뜨완느 드 생텍쥐페리) [프랑스 작가/비행사, 1900-1944]

제 **7**과

잊을 수 없는 여행

1 여행 일정에 따라 쓰기
2 여행에서 느낀 점 쓰기

량오링 (사진을 보면서) 교수님, 이건 언제 찍으신 사진이에요?

교수님 아~. 대학교 때 친구들과 졸업여행 가서 찍은 사진이야.

량오링 그럼 이 분들은 대학교 때 친구 분들이세요?

교수님 응. 4년 동안 늘 같이 공부하고 생활한 친구들이지.

량오링 여행은 즐거우셨죠?

교수님 참 재미있던 여행이었어. 지금도 그때를 생각하면 즐거워.

● 여러분은 어디를 여행해 봤습니까?

● 가장 즐거웠던 여행에 대해 이야기해 봅시다.

읽어 보기

나는 여행하는 것을 좋아한다. 여행은 좋은 추억을 만들 수 있고 새로운 것을 경험할 수 있기 때문이다. 지금까지의 여행 중에서 가장 기억에 남는 곳은 경주이다.

작년 10월 말에 친구 몇 명과 같이 부산의 한 여행사를 통해 경주에 간 적이 있다. 그날, 아침 8시쯤 부산을 떠나서 경주에 도착한 시각은 오전 10시였다. 도착하자마자 먼저 국립경주박물관에 갔다. 그 곳에는 신라시대의 많은 유물이 보관되어 있어서 신라의 문화와 예술을 이해할 수 있었다. 박물관 안을 돌다가 같이 한국어 공부를 하는 태국 친구 한 명을 만났다. 기뻤다. 우리는 여행 온 친구들의 나라, 즉 베트남, 태국, 중국과 우리가 현재 살고 있는 한국의 문화와 예술을 비교하면서 참 많은 이야기를 했다.

12시가 되어 우리는 함께 점심을 먹었다. 그러고 나서 오후 2시쯤 우리는 불국사로 이동했다. 불국사는 절의 건축이 굉장히 뛰어났다. 대웅전 앞에 두 개의 탑이 서 있었다. 하나는 다보탑으로 그 모습이 화려하고 섬세했다. 다른 하나는 석가탑으로 그 모습은 소박하고 단순했다. 하지만 둘 다 뛰어난 조각품이라고 생각했다.

절의 주변에 있는 많은 나무들은 단풍이 들어 빨간색과 노란색의 조화를 이루어 아주 아름다웠고, 공기도 아주 깨끗해서 마치 동화 속에 서 있는 기분이었다. 그래서 우리는 이러한 경치를 배경으로 사진을 많이 찍었다.

우리는 불국사 관람을 마치고 경주 특유의 기념품을 몇 가지 산 후, 오후 5시 버스로 경주를 떠나 부산으로 돌아왔다.

짧은 시간으로 경주의 모든 명소를 볼 수 없어 아쉬웠지만 한국의 고대 문화를 조금이라도 직접 느낄 수 있어서 보람이 있는 여행이었다.

읽은 내용 활용하기

1 다음은 앞의 글에 나타난 여행 일정의 순서를 바꾸어 놓은 것입니다. 그림을 보고 여행 일정을 써 봅시다.

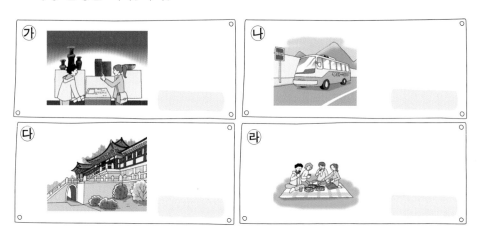

2 여행 일정을 시간 순서에 따라 아래에 적어 봅시다.

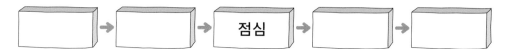

3 2 를 바탕으로 본문의 여행 일정에 맞추어 요약해 봅시다.

4 다음은 앞의 본문 내용을 요약한 것입니다. 본문을 보지 말고, 밑줄 친 곳에 알맞은 글을 써 넣은 후, 자기가 쓴 **3** 의 글과 비교해 봅시다.

나는 작년 10월 말, 친구 몇 명＿＿＿＿＿＿ 경주로 여행을 갔다.

아침 8시＿ 부산을 ＿＿＿＿ 경주에 ＿＿＿＿＿ 시각은 오전 10시였

다. 도착＿＿＿＿ 국립경주박물관에 가서 많은 유물을 ＿＿＿＿＿

태국 친구를 만났다. 우리는 여러 나라의 문화와 예술을 ＿＿＿＿＿

이야기했다.

점심을 먹은 후 오후 2시쯤 우리는 불국사로 가서 불국사와 다보탑,

석가탑을 보았다. 그 중 다보탑은 그 모습이 ＿＿＿＿＿＿＿

석가탑은 ＿＿＿＿＿＿＿＿＿＿＿＿＿＿＿＿＿. 두 탑은 모

두 ＿＿＿＿＿＿＿ 조각품이라고 생각한다.

절의 주변 경치가 ＿＿＿＿＿＿ 우리는 사진을 많이 찍었다.

짧은 시간 때문에 ＿＿＿＿＿＿. 그래도 ＿＿＿＿＿＿ 여행이

었다고 생각한다.

문형과 표현 익히기

1 다음 보기 의 표현을 넣어서 문장을 완성해 봅시다.

> **보기**
>
> –(으)로 유명하다, –기로 유명하다

○ 브라질 / 축구

➡ 브라질은 축구로 유명하다.

○ 그 음식점 / 고기맛이 좋다

➡

○ 그 학생 / 태권도를 잘하다

➡

○ 한국 / (　　　　　　　)

➡

문형과 표현 익히기

2 제시된 글들을 사용하여 '-(으)로 알려져 있다'의 문장을 만들어 봅시다.

❶ 축구를 제일 잘하다 / 영수

➡

❷ 그 영화 / 배우들 / 연기가 뛰어나다

➡

❸ 한국 / 경치가 매우 아름답다 / 제주도

➡

미완성 글 완성하기

✻ 글 내용에 따라 (   )를 적당히 채워 보십시오.

1

　이번 여름 방학에 나는 제주도로 여행을 갔다. 제주도는 오래 전부터 내가 무척 (　　　　　　) 곳이다. 아름다운 경치로 유명한 제주도는 맛있는 것이 많은데 특히 감귤이 (　　　　　　)는 이야기를 친구에게서 들은 적이 있다.

2

　겨울 방학이 시작되자마자 우리 가족은 가족들의 추억을 만들기 위해 여행 계획을 (　　　　　　).

　아버지와 어머니께서 여행 준비를 하시는 동안 나는 일기 예보를 들었다. (　　　　　　) 봐 걱정이 되었다.

3

　나는 그곳에서 며칠을 지내면서 많은 것을 보고 느꼈다. 시간이 (　　　　　　) 전체를 다 둘러보지 못한 것이 (　　　　　　). 언젠가 기회가 (　　　　　　)면, 다시 한 번 꼭 가서 한 곳도 빠짐없이 다 돌아보고 (　　　　　　).

생각하기

1 한국에서 여러분이 가 본 곳에 대한 느낌을 말해 봅시다.

2 다음 ( )안에 알맞은 말을 **보기** 에서 찾아 글을 완성해 봅시다.

> **보기**
>
> 인상 깊다   아쉽다   견학을 가다   눈길을 끌다   느끼다

> 지난 학기에 현대자동차 공장에 (   ). 그 곳에서 본 것 중에
>
> 서 특히 자동차를 만드는 기계가 나의 (   ). 그리고 열심히 일
>
> 하는 한국인 근로자들의 모습이 (   ). 견학 시간이 짧아서
>
> (   ) 열심히 사는 모습이 아름답다고 (   ). 그날 견
>
> 학은 좋은 경험이었다고 생각한다.

한 편의 글쓰기

1 가장 기억에 남는 여행에 대해 생각해 봅시다.

> 1) 여행 동기 :
>
> 2) 여행지 :
>
> 3) 여행 기간 :

2 여행 기간 동안의 경험을 간단히 적어 봅시다.

> 1) 본 것 :
>
> 2) 한 것 :
>
> 3) 먹은 것 :

3 가장 좋았던 것은 무엇이었습니까?

4 여행을 통해 새롭게 알게 되거나 배운 것이 있습니까?

5 아쉬움이 남거나 후회가 되는 것은 무엇입니까?

6 앞의 **1** ~ **5** 를 바탕으로 기행문을 써 봅시다. (7~10문장)

잘못된 곳 고쳐 쓰기 ❶

우리 가족은 작년에 대련에서 여행을 했다.

우리는 3월 15일에 집을 떠났다. 먼저 버스를 타고 상해에 갔다. 그리고 택시를 타고 공항으로 이동했다. 우리는 오전 10시에 상해를 떠나 오후 2시에 대련에서 도착할 것이다. 우리는 대련에서 2박 3일 지낼 예정이다. 대련은 바다가 유명하다. 특히 신해광장은 대련의 명소이다. 신해광장의 바다는 아주 아름다웠다. 날씨가 좋기 때문으로 사람이 많다. 우리는 바다에서 사진을 찍은 후 승리광장으로 간다. 그 곳에는 여러 가지 가게가 많아서 '쇼핑천당'이라 불린다. 우리는 좋아하는 많이 옷을 샀다. 쇼핑을 한 후 호텔로 이동했다. 이튿날 우리는 다른 곳에 갔다.

짧은 여행이었지만 평생 잊으면 못할 추억이 되었다. 3일 만에 집으로 돌아왔다.

1 우리는 오전 10시에 상해를 떠나 오후 2시에 대련<u>에서 도착할 것이다.</u>

2 날씨가 좋기 <u>때문으로</u> 사람이 많다.

3 우리는 바다에서 사진을 찍은 후 승리광장으로 <u>간다.</u>

4 우리는 <u>좋아하는 많이 옷을 샀다.</u>

5 짧은 여행이었지만 평생 <u>잊으면</u> 못할 추억이 되었다.

잘못된 곳 고쳐 쓰기 ❷

✱ 다음의 문장을 바르고 좋은 문장으로 고쳐 봅시다.

1   나는 한국에서 가장 기억에 남는 여행은 지난주에 친구와 같이 김해에 갔다.

2   나는 한국 역사와 전통 문화가 좋아하는 때문에 경주에 꼭 가봐야 한다.

3   나는 돈이 아주 많이 있어 하고 싶은 것은 세계 일주 여행이다.

4   나는 가장 좋아하는 도시가 항주이다.

5   항주의 서호는 옛날에 전해져 오고 세계적인 명소이다.

6   날씨가 별로 좋지 않아서 관광 가면 안 된다.

● 재물을 스스로 만들지 않는 사람에게는 쓸 권리가 없듯이 행복도 스스로 만들지 않는
   사람에게는 누릴 권리가 없다.
   We have no more right to consume happiness without producing it than to
   consume wealth without producing it.

   – George Bernard Shaw(조지 버나드 쇼) [아일랜드 극작가/비평가, 1856-1950]

● 세상은 고통으로 가득하지만 한편 그것을 이겨내는 일로도 가득 차 있다.
   Although the world is full of suffering, it is full also of the overcoming of it.

   – Helen Keller(헬렌 켈러) [미국 작가/연사, 1880-1968]

제

8과
우리들의 고민

엔 긴   교수님, 안녕하셨습니까?

교수님 어서 와. 거기 편하게 앉아요. 얼굴이 별로 안 좋네. 어디
       아파?

엔 긴   아니요. 아프진 않아요. 고민이 좀 있어서…….

교수님 연애 고민이야? 하하, 농담이야. 그래, 무슨 고민이지?

엔 긴   저 한국어도 늘지 않고 전공 공부도 어려워 어떻게 해야
       할지 모르겠어요. 우리나라로 돌아가야 할지…….

교수님 무슨 소리, 돌아가는 게 최선은 아니야.
       우리 그 문제에 대해 함께 고민 좀 해 보자.

● 지금 여러분의 고민은 무엇입니까?

● 누구에게 자신의 고민을 의논한 적이 있습니까?

우리들의 고민

민　수 : 벌써 대학생활 4년째구나. 왕호, 너도 4학년인데 졸업하면 뭐
　　　　할 거니?

왕　호 : 정말, 4학년이 되니 고민이 많아. 일단 졸업하고 중국으로 돌
　　　　아가서 취직 자리를 찾아봐야겠어.

민　수 : 마사코, 너도 졸업하면 일본으로 돌아갈거니?

마 사 코 : 글쎄, 나도 역시 고민이야. 여기 한국에서 대학원을 갈까, 일본
　　　　으로 돌아가서 취직을 할까 고민 중이야. 아잉, 너는 아직 3학
　　　　년이니 우리보다 고민이 적겠구나.

아　잉 : 예. 선배들보다 심각하지 않지만, 그래도 벌써부터 고민이에요.
　　　　부모님은 대학만 졸업하고 베트남으로 돌아와서 취직하라고 하
　　　　는데.

민　수 : 요즘 한국에서는 취직하기가 하늘의 별 따기야.

왕　호 : 중국도 마찬가지야.

마 사 코 : 일본도 그래.

아　잉 : 취직은 세계 대학생들의 공통 고민이군요. 선배들이 잘 되어야
　　　　나 놀러 가면 맛있는 것 많이 사 줄 텐데.

민　수 : 그러게 말이야. 아잉, 우리들의 좋은 취직을 위해 매일 기도해
　　　　줄래?

아　잉 : 그러지요. 돈 안 드는 일은 얼마든지 할 수 있어요.

민수 · 왕호 · 마사코 : 그래 그래, 맞아. 하하하.

나의 고민

마 사 코

나는 지금 대학교 4학년이다.

나에게는 고민이 있다. 다음 학기에 졸업을 하는데 졸업한 후에 정확히 무엇을 해야 할지 아직 모르겠다. 대학원에 가서 한국어를 더 공부하든지 취업을 하든지 이 두 가지 중에서 선택을 하려고 한다.

사실은 나는 대학원을 선택하고 싶다. 그런데 내가 공부하는 동안 친구들은 취업을 해서 빨리 돈도 벌고 결혼도 할 것을 생각하니 망설여진다. 공부를 할 것인지 돈을 벌 것인지 정말 고민이 많다.

이런 고민을 제일 친한 친구에게 얘기해 보았다. 나의 친구는 공부하지 말고 좋은 회사에 취직하라고 한다. 그리고 공부하고 싶으면 취직한 후에 공부하라고 한다. 하지만 일을 하면서 공부를 할 수 있을지 걱정이다. 친구에게 물어봤지만 친구의 말만으로 쉽게 선택할 수가 없다. 내일 교수님과 상담을 해 봐야겠다.

읽은 내용 활용하기

1 다음 문장의 내용이 본문의 내용과 맞게 (   )를 채워 봅시다.

> ❶ 마사코는 졸업한 후의 일에 대해 (   ).
>
> ❷ 마사코는 졸업 후 대학원에 (   ), 취업을 (   )
>   고민하고 있다.
>
> ❸ 마사코는 일과 공부를 함께 하기는 (   ).

2 여러분이 마사코의 친구라면 뭐라고 말해주고 싶습니까? 간단히 써 봅시다.

문형과 표현 익히기

1 다음 표현들의 쓰임을 알아봅시다.

❶ -아/어/여야 할지 모르겠다

> ○ 언제 고향에 가야 할지 모르겠다.
> ○ 시험공부를 어떻게 해야 할지 모르겠다.
> ○ 내일은 친구 결혼식인데 무엇을 입어야 할지 모르겠다.

❷ -(았/었)으면 좋겠다

> ○ 나의 성격이 바뀌면 좋겠다.
> ○ 빨리 한국어를 잘하면 좋겠다.
> ○ 졸업 후에 좋은 회사에 취직했으면 좋겠다.

2 '-아/어/여야 할지 모르겠다'를 사용하여 질문에 대답해 보십시오.

❶ 이번 일요일에 무엇을 하겠습니까?

➡

❷ 오늘 저녁에 무엇을 먹겠습니까?

➡

❸ 이 돈으로 무엇을 사겠습니까?

➡

❹ 어떤 사람과 결혼하고 싶습니까?

➡

3 '–(았/었)으면 좋겠다'를 사용하여 질문에 대답해 보십시오.

❶ 방학 때 무엇을 하고 싶습니까?

➡

❷ 어떤 남자/여자와 결혼하고 싶습니까?

➡

❸ 대학교를 졸업한 후에 무슨 일을 하고 싶습니까?

➡

미완성 글 완성하기

✱ 글 내용에 따라 (   )를 적당히 채워 보십시오.

1

　　나는 현재 회사에 다니고 있는 평범한 직장인이다. 한 달 열심히 일해서 120만원을 벌고 있다. 하지만 (　　　　)을 너무 좋아해서 한 달에 반 이상의 돈을 쓴다. 지난달에는 MP3, 구두, 치마, 핸드백을 (　　　　　　). 이렇게 좋지 않은 버릇을 어떻게 고쳐야 할지 (　　　　　).

2

　　우리 가족은 모두 3명인데, 아버지는 키가 작고 뚱뚱하다. 어머니는 키가 크고 예쁘다. 나는 아버지를 닮았다. 그래서 아버지처럼 (　　　　　　　　). 이런 모습 때문에 친구들은 나를 땅콩이라고 한다. 나는 키 작은 내 모습이 너무 (　　　　　). 어떻게 하면 키가 클 수 있을까?
지금이라도 키가 좀 (　　　　　) 좋겠다.

3

　　얼마 전부터 나에게 (　　　)이 한 가지 생겼다. 같은 반 남학생을 짝사랑하게 되었는데, 용기가 나지 않아 (　　　　)을 못했다. 왜냐하면 그 아이는 키도 크고 잘생겼고 인기도 많기 때문이다. 하지만 좋아한다고 (　　　　　　). 연애편지를 쓰려고 하는데, 무슨 말을 (　　　　　　　).

생각하기

1 다음의 질문에 답해 보십시오.

❶ 지금 여러분은 어떤 고민이 있습니까?

_____

❷ 그 고민이 언제부터 생겼습니까? 그리고 왜 생겼습니까?

_____

_____

❸ 고민의 해결 방법을 혼자 생각해 본 후, 친구에게도 물어 봅시다.

○ 나의 생각

○ 친구의 생각

한 편의 글쓰기

앞의 1 을 바탕으로 '나의 고민 해결'이라는 제목으로 글을 써 봅시다.

나의 고민 해결

잘못된 곳 고쳐 쓰기 ❶

한국에 온 지 7개월이나 되었다. 그런데 한국어 실력이 늘고 않고 걱정이다. 그리고 방학 동안 공부를 안 했서 거의 잊어 버렸다. 이번 학기 시작하면서 걱정을 많이 했다.
지금 다른 친구들는 나보다 수업을 쉽게 이해하니까 자연스럽게 말한다. 친구에게 고민을 말하니 매일 조금씩이라도 공부를 하라고 한다. 그래서 나는 한국 친구들을 전혀 만나면서 단어도 많은 외울 것을 결심했다. 빨리 한국어를 잘 할 거면 좋겠다.

1 그런데 한국어 실력이 <u>늘고 않고</u> 걱정이다.

2 방학 동안 공부를 안 <u>했서</u> 거의 잊어 버렸다.

3 지금 다른 친구들는 나보다 수업을 쉽게 <u>이해하니까</u> 자연스럽게 말한다.

4 나는 한국 친구들을 <u>전혀</u> 만나면서 단어도 <u>많은</u> 외울 것을 결심했다.

5 빨리 한국어를 잘 <u>할거면</u> 좋겠다.

예전에 축구를 하다가 왼쪽 무릎을 다친 후 고민이 나타났다. 무릎을 다쳐서 수술을 받은 것이다. 그래서 운동을 계속 하이나 그만둬야 할지 고민이다. 하지만 나는 축구를 아주 좋아했다.
　부모님께 상담을 해 보았다. 부모님은 축구부 활동은 그만두고 취미로 운동을 하라고 말씀하셨다. 그렇지만 아쉽지만 운동을 그만 두었다. 지금은 무릎이 좋게 됐지만 그래서 빨리 달리지는 못한다.

1 예전에 축구를 하다가 왼쪽 무릎을 다친 후 고민이 <u>나타났다.</u>

2 그래서 운동을 계속 <u>하이나</u> 그만 둬야 할지 <u>고민이다.</u>

3 <u>그렇지만</u> 아쉽지만 운동을 그만 두었다.

4 지금은 무릎이 <u>좋게 됐지만 그래서</u> 빨리 달리지는 못한다.

9과

추억

남수   지은아, 5년 전 일 생각나? 우리 베트남에 있을 때 말이야.

지은   아~. 우리 유학하고 있을 때? 벌써 5년이 되었구나.

남수   그래. 그때 베트남에서 정말 재밌었잖아.

지은   맞아. 다른 나라 친구들과 자주 모여서 음식도 만들어 먹고 했는데.

       그때가 너무 그립다.

남수   그렇지? 나도 그래. 1년이라는 시간은 짧았지만 많은 추억이 생긴 것 같아.

지은   그때 친구들은 지금쯤 어디서 뭘 하고 있을까?

● 재미있었던 추억을 이야기해 봅시다.

● 나에게 잊을 수 없는 사람은 누구일까요?

기억에 남아 있는 일

파 리 다

한국에 온 지 1년 6개월이 다 되어 간다. 한국에 와서 많은 추억을 만들었다. 힘들고 재미있는 경험도 많이 했다.

가장 기억에 남아 있는 일은 지난달에 친구의 생일 파티를 하면서 놀다가 지갑을 잃어버린 일이다. 그날, 서면에서 친구와 술을 마시고 노래방에 갔다. 나중에 집에 가려고 노래방에서 나왔는데 지갑이 없어졌다. 나와 친구들은 술집과 노래방에 가서 지갑을 찾았지만 찾을 수가 없었다. 돈은 괜찮지만 외국인 등록증과 은행 카드가 없어져 걱정이 되었다.

다음날, 나는 어떻게 해야 할지 몰라서 선생님께 전화를 했다. 선생님을 만나서 함께 오전에는 은행에 가고 오후에는 경찰서와 출입국 사무소에 갔다. 그래서 외국인 등록증과 은행카드를 다시 발급받았다.

불안해하고 걱정하는 나에게 많은 도움을 주신 선생님이 무척 고마웠다. 나는 지금도 그 선생님을 잊을 수 없다.

읽은 내용 활용하기

1 다음 문장의 내용이 본문의 내용과 맞게 (   )를 채워 봅시다.

> ❶ 파리다 씨는 술을 마신 후에 (   )에 갔다.
>
> ❷ 파리다 씨는 (   ) 걱정을 많이 했다.
>
> ❸ 파리다 씨는 선생님의 (   ) 다시 외국인 등록증과
>   은행카드를 발급받았다.

2 다음 질문에 간단히 답하십시오.

❶ 무엇을 잃어버렸습니까?

❷ 언제 잃어버렸습니까?

❸ 찾았습니까?

❹ 문제를 어떻게 처리했습니까?

문형과 표현 익히기

1 다음 표현들로 문장을 만들어 봅시다.

❶ –는 바람에

- 버스를 놓치는 바람에 지각을 했다.
- 수업시간에 깜박 조는 바람에 _____.
- 지갑을 잃어버리는 바람에 _____.

❷ –(으)ㄹ 뻔하다

- 조심하지 않아 (   ) 뻔했다.
- 길이 막혀서 기차를 (   ) 뻔했다.
- 이 앞에서 교통사고가 (   ) 뻔했다.

2 '–는 바람에'를 사용하여 문장을 만들어 써 봅시다.

❶ 상한 음식을 먹다 / 배탈이 나다

➡

❷ 비가 오다 / 여행을 갈 수 없게 되다

➡

❸ 전화기가 고장 나다 / 연락을 할 수 없다

➡

문형과 표현 익히기

3 '-(으)ㄹ 뻔하다'를 사용하여 문장을 만들어 써 봅시다.

❶ 빨리 뛰다가

❷ 그 버스를 못 탔으면

❸ 길을 건너다가

❹

미완성 글 완성하기

㉠

　내가 한국에 (　　　　) 지 3개월이 되었을 때의 일이다. 주말에 친구와 함께 백화점에 갔다. 그런데 갑자기 배가 아파서 화장실을 찾았다. 화장실 표시만 보고 빨리 (　　　) 화장실로 들어갔다. 그런데 볼일을 보고 나오니 많은 사람들이 나를 이상한 눈으로 쳐다보았다. 나를 보는 사람들의 눈빛이 (　　　　　) 화장실 문을 돌아보니 그 화장실 문에는 장애인용 표시가 되어 있었다. 급한 나머지 내가 장애인용 화장실을 (　　　　　) 것이다. 멀쩡하게 생긴 내가 장애인용 화장실을 이용했으니, 사람들은 의아했을 것이다. 지금도 그때를 생각하면 (　　　　　) 얼굴이 뜨거워진다.

㉡

　나는 한국 생활을 3년 정도 하고 있는 일본 유학생이다. 내가 한국에 와서 가장 (　　　　) 일은 지금의 여자친구를 만난 일이다.
　그녀는 대학교에서 피아노를 전공하는 예쁘고 밝은 성격의 한국 사람이다. 한국 생활이 서툰 나에게 많은 (　　　) 준 그녀는 하늘이 보내주신 선물 같다.

㉢

　나에게 가장 (　　　　　) 기억을 말하라고 한다면, 작년 여름 한국에 혼자 와서 친구 없이 (　　　　) 6개월 동안의 생활이다.
　혼자 지내다 보니, 나란히 걸으며 이야기하는 사람들이 몹시 부러웠다. 고국으로 다시 (　　　　　　). 하지만 그때마다 엄마, 아빠의 모습이 떠올라 참았다. 하지만 이제 많은 (　　　　　　). 그래서 그들과 지내는 요즘은 외롭지 않다.

생각하기

1 다음과 같은 상황일 때 여러분의 기분은 어떠할까요? 한 문장으로 써 봅시다.

❶ 여러 학생들 앞에 서서 노래를 부를 때

❷ 일요일에 혼자 집에 있을 때

❸ 백화점에서 지갑을 잃어버렸을 때

❹ 친구들이 나에게 선물을 줄 때

한 편의 글쓰기

1 여러분의 기억에 남아있는 일은 어떤 것입니까?

❶ 언제

❷ 어디에서

❸ 누구와 함께 있었습니까?

❹ 무슨 일이 있었습니까?

❺ 기분이 어땠습니까?

한 편의 글쓰기

2   앞의 **1** 을 바탕으로 기억에 남는 일을 글로 써 봅시다.

잘못된 곳 고쳐 쓰기 ❶

한국에 간 지 1년쯤 된 날 다양한 경험을 하는 아르바이트를 하고 싶다. 그래서 통닭집에서 배달하는 아르바이트를 했다.

어느 날 내가 전화로 ○○아파트 6동 2105호로 배달 주문을 받았다. 그런데 배달을 갔다가 통닭을 다시 들고 가게로 돌아왔다. 주문을 받는 집을 찾을 수 없기 때문이다. 주인아저씨는 주소를 맞게 적느냐고 하셨다. 다시 생각해보니까 6동 205호였다. 나는 미안해서 주인아저씨한테서 말하지 않는다. 그 일이 있고 나서 한국어 실력이 많기 위해 열심히 공부했다.

1 한국에 간 지 1년쯤 된 날 다양한 경험을 <u>하는</u> 아르바이트를 <u>하고 싶다.</u>

2 주문을 <u>받는</u> 집을 찾을 수 <u>없기 때문이다.</u>

3 주인아저씨는 주소를 맞게 <u>적느냐고</u> 하셨다.

4 나는 미안해서 주인아저씨<u>한테서</u> 말하지 <u>않는다.</u>

5 그 일이 있고 나서 <u>한국어 실력이 많기 위해</u> 열심히 공부했다.

잘못된 곳 고쳐 쓰기 ❷

나는 지난 학기에 학교에 열리는 외국인 연극대회에 참가했다. 대회에 참가하기 전까지 나는 소심한 성격 때문에 친구가 별로 없었다. 하지만 연극대회를 준비하면서 같은 반 친구들한테 많이 친해졌고 성격을 바뀌었다. 지금은 성격이 적극적이고 외향적으로 변했다.

우리 반은 매일 열심히 연습하는 덕분에 1등을 했다. 박수를 많이 받는 바람에 기분이 좋다. 내년에도 기회가 있는다면 다시 연극대회에 참가하고 싶는다.

1 나는 지난 학기에 학교에 열리는 외국인 연극대회에 참가했다.

2 하지만 연극대회를 준비하면서 같은 반 친구들한테 많이 친해졌고 성격을 바뀌었다.

3 우리 반은 매일 열심히 연습하는 덕분에 1등을 했다.

4 박수를 많이 받는 바람에 기분이 좋다.

5 내년에도 기회가 있는다면 다시 연극대회에 참가하고 싶는다.

10과
글 속의 그림

타츠야   한국어를 재미있게 배우는 방법 없을까요?

미 숙   말 잇기, 노래로 배우기, 물건이나 동물의 공통점 말하기
        등이 괜찮을 거예요.

타츠야   쉬운 것 있으면 하나 가르쳐 주세요.

미 숙   그래요. 공통점을 찾아 이어나가는 노래가 있어요.
        내가 공통점은 비워두고 불러 볼게요. 그 공통점이 무엇
        일까 생각해 보세요.

타츠야   알았어요. 빨리 해 보세요.

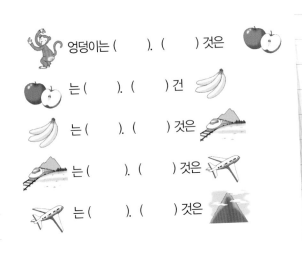

◉ 앞뒤 그림의 공통점을 찾아봅시다.

◉ 단어 잇기나 이야기 잇기를 해본 적이 있습니까?

글 속에 그림 넣기

늣샤라 : 아-, 너무 심심해. 뭐 재미있는 일 없을까?

장 영 : 심심하면 공부나 하지.

톰 슨 : 모범생 장영은 역시 달라. 공부가 되면서 재미있는 것은 없을까?

장 영 : 얘, 너희들 그림과 글을 섞어 이야기 만들기 해본 적 있니?

톰 슨 · 나타샤 : 없어. 그게 뭐지?

장 영 : 응, 그건 우리가 쓰려는 글 속에 어떤 단어 대신 그림을 넣어 보는

거야.

나타샤 : 재미있겠다. 늣샤라, 넌 해 봤니?

늣샤라 : 아니. 나도 처음 듣는 소리야. 그런데 재미있겠다.

우리도 장영한테 배워서 한번 해 보자.

장 영 : 그러지 말고 우리 함께 하나씩 이야기를 만들어서 그것을 이어보

면 어떨까?

톰 슨 : 그것도 좋겠다. 그러면 우리 4명이 함께 이야기를 만드는 거니?

장영이 설명을 좀 더 해 줘.

장 영 : 그러니까 각자 그림을 넣어서 글을 하나씩 만드는데, 누군가가 먼

저 이야기를 하나 만들면, 그 다음 다른 사람이 앞의 이야기와 연

결되도록 역시 그림과 글을 섞어 가며 만드는 거야. 그렇게 하여

글을 다 써 놓으면 이것은 여러 사람이 만든 것이지만, 전체를 보

면 한 편의 글이 되는 거지.

늣샤라 : 그럼 장영부터 시작해 봐.

(이야기를 다 만든 후)

나타샤 : 자, 그만하고 우리가 만든 이야기를 한번 읽어보자. 톰슨이 읽어봐.

읽어 보기

 너머에는 우리 삼촌이 삽니다. 우리 삼촌이 사는 마을

은 시골입니다. 그 마을에는 이 모두 다섯 채뿐입니다. 그 마을에서 삼촌

집이 제일 큽니다. 삼촌 집 뒤에는 이 있고, 집 앞에는 논이 있습니다.

집 둘레 담에는 봄이 되면 가 노랗게 피고, 여름이 되면 가 빨강

게 핍니다. 담밖에는 를 많이 심어 가을이 되면 아주 아름답습니다.

삼촌네 식구는 모두 **4**명입니다. 삼촌과 숙모, 그리고 사촌 남동생과 사촌

여동생이 오순도순 재미있게 삽니다. 아, 그 에는 귀여운 도 있으니,

식구가 모두 **5**명이군요.

가끔 놀러 가면 숙모는 고구마나 를 삶아 주시고, 삼촌은 뒷산에서 따

온 이랑 과수원에서 따온 도 주십니다. 밤이 되면 마루에 앉아 하늘

의 을 바라보며 사촌들과 나는 삼촌의 별이야기를 듣곤 합니다. 신비하고

아름다운 을 보면서 별이야기를 듣고 있으면 을 볼 수 없는 도시로

돌아오고 싶지 않습니다.

미완성 글 완성하기

1 　그림을 넣어 가면서 이야기를 만들어 봅시다.

→ 평소, 내가 싫어하는 과일은 ' '이다. 왜냐하면 어릴 때 …

_____

_____

_____

_____

_____

_____

_____

_____

미완성 글 완성하기

2 아래에 있는 ㉠, ㉡ 중 하나를 선택하여 글을 써 봅시다.

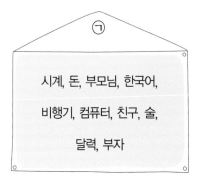

㉠ 시계, 돈, 부모님, 한국어, 비행기, 컴퓨터, 친구, 술, 달력, 부자

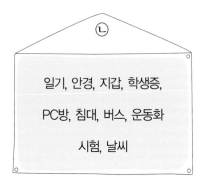

㉡ 일기, 안경, 지갑, 학생증, PC방, 침대, 버스, 운동화 시험, 날씨

❶ 선택한 어휘를 보고 자신이 쓰려고 하는 글의 〈제목〉을 만들어 봅시다.

❷ 정해진 〈제목〉에 맞게 10개의 어휘를 모두 활용하여 글을 써 봅시다.

3 글을 완성한 후 친구들과 바꿔 읽어 봅시다. 친구의 글에 대한 자신의 의견을 간단히 적어 봅시다.

친구의 글 제목 :	의견 :

친구의 글 제목 :	의견 :

친구의 글 제목 :	의견 :

친구의 글 제목 :	의견 :

생각하기

1 다음 보기 단어들의 뜻을 사전에서 찾아보고, 이를 이용하여 문장을 만들어 봅시다.

보기
오순도순, 꾸벅꾸벅, 꼬불꼬불, 주렁주렁, 슬금슬금, 설레설레, 차츰차츰, 차례차례, 반짝반짝, 부글부글, 뭉게뭉게, 굵적굵적, 도란도란, 후들후들, 더듬더듬, 느릿느릿, 또박또박, 송글송글, 벌컥벌컥, 오락가락, 갈팡질팡, 들릴락말락, 허둥지둥, 허겁지겁, 두근두근, 팔딱팔딱, 끄덕끄덕, 살랑살랑, 깜빡깜빡, 훌쩍훌쩍

❶ 산 너머에 있는 삼촌댁에는 삼촌과 숙모, 그리고 사촌 남동생과 사촌 여동생이 오순도순 재미있게 삽니다.

❷ _____

_____

❸ _____

_____

❹ _____

_____

⑤ _____

_____

⑥ _____

_____

⑦ _____

_____

⑧ _____

_____

⑨ _____

_____

⑩ _____

_____

모둠 글짓기

1 친구들과 함께 쓸 글의 소재를 찾아 봅시다. 찾은 소재를 모두 적어 봅시다.

2 글쓰기에 적당하지 않은 것부터 지운 후, 제일 좋다고 생각한 것 하나만 선택합시다.

　○ 선택된 소재 :

3 선택된 소재로 주제문을 만들어 봅시다.

　○ 주제문 :

4 주제문을 줄여서 제목을 만들어 봅시다.

　○ 제목 :

5 모둠별로 소재와 주제를 가지고 한 사람이 하나씩 문장을 만들어 봅시다.

▷첫 번째 이야기

친구1 : _____

친구2 : _____

친구3 : _____

친구4 : _____

친구5 : _____

▷두 번째 이야기

친구1 : _____

친구2 : _____

친구3 : _____

친구4 : _____

친구5 : _____

▷세 번째 이야기

친구1 : _____

친구2 : _____

친구3 : _____

친구4 : _____

친구5 : _____

6 모둠별로 친구들의 문장을 이으면서 어색하거나 잘못된 곳을 고쳐 글을 완성합시다.

7 각 모둠의 이야기를 발표해 봅시다.

11과

도시와 시골

태 수 벤자민, 네가 사는 곳이 터키 시골이라 그랬지?

벤자민 맞아. 우리 집은 참 평화로운 곳이야. 우리 집이 그리워.

태 수 난 도시에 태어나서 계속 도시에 살고 있으니, 시골이 집인 사람이 부러워.

벤자민 그래? 그런데 한국의 시골 사람들도 도시 사람과 좀 다르니?

태 수 응. 시골 사람들은 도시 사람들에 비해 인심이 좋지. 정도 많고.

벤자민 우리나라도 마찬가지야.

태수, 우리 동네 아가씨 한 명 소개해 줄까? 그러면 터키 시골에서 살 수 있는데.

태 수 좋지! 하하.

◉ 도시와 시골의 장점과 단점을 생각해 봅시다.

◉ 자신이 살고 싶은 곳을 상상해 봅시다.

도시와 시골

현대에 와서 문명이 시골에까지 영향을 미쳐 시골 생활이 도시처럼 되었다고는 해도 역시 도시와 시골은 차이가 난다.

여전히 시골은 도시에 비해 조용하고 자연의 아름다움이 있는 곳이다. 그러나 영화를 보거나 생활용품을 사려면 도시로 나와야 하기 때문에 불편하다. 그래서 시골에 사는 사람들은 시끄럽지만 생활하기에 편리하고 화려한 도시를 부러워한다. 시골에 비해 도시는 생활이 편리하고 활기가 넘치지만 교통체증이 심하고 시끄럽고 복잡하며, 또한 매연으로 공기가 좋지 않다. 그래서 도시 사람들은 여유가 있고 자동차가 적어서 공기가 맑은 시골에 살고 싶어한다.

한국 속담에 "남의 떡이 더 커 보인다." 라는 말이 있다. 이 말처럼 도시에 있으면 조용하고 소박한 시골이 그립고, 시골에 있으면 편리하고 화려한 도시가 그리운 것이다.

하지만 우리는 이 두 가지 환경 모두를 한꺼번에 공유하며 살아갈 수 없다. 그렇기 때문에 우리는 조금 아쉬워도 한 가지 생활만을 선택하고 살아갈 수밖에 없다.

읽은 내용 활용하기

1 도시와 시골의 장점, 단점은 무엇입니까?

○ 장점

도시	시골

○ 단점

도시	시골

문형과 표현 익히기

1

> −에 비해서

① 돼지는 _____꼬리가 짧은 편이다. (호랑이)

② 이 식당은 _____음식이 맛있다. (다른 식당)

③ 중국은 _____면적이 넓다. (한국)

④ _____은/는 _____.

2

> −다는 점에서 비슷하다,   −ㄴ/는다는 점에서 비슷하다

① 영선 씨와 민선 씨는 _____. (눈이 크다)

② 말과 기린은 _____. (다리가 길다)

③ 한국 사람과 일본 사람은 _____. (높임말을 사용하다)

④ _____와/과 _____은/는 _____.

문형과 표현 익히기

3

> –(으)ㄴ/는 반면에

① 그 남자는 키가 _____ 얼굴은 못생겼습니다. (크다)

② 이 물건은 가격이 _____ 품질은 좋지 않습니다. (싸다)

③ 도시는 교통이 _____ 복잡합니다. (편리하다)

④ _____은/는 _____.

미완성 글 완성하기

✽ 글 내용에 따라 (   )를 적당히 채워 보십시오.

1

눈과 비는 하늘에서 내린다는 점에서 (   ). 하지만 나는 비가 내리면 우산을 들고 다니는 것을 귀찮아하기 때문에 비(   ) 눈을 더 좋아한다.

눈이 내리는 겨울에는 친구들과 썰매도 타고, 눈사람도 만들 수 있다. 그런데 여름 장마철처럼 비가 내리는 날은 언제나 집에만 있어야 하기 때문에 심심하다. 그래서 나는 (   ).

2

양파와 고추의 유일한 (   )은 매콤한 맛을 가지고 있다는 것이다. 그 외에는 (   ). 양파는 동그랗고 하얗다. (   ) 고추는 길고 붉다. 그리고 양파는 씨가 없지만 고추는 속에 씨가 아주 많다.

3

의사와 간호사는 하는 일에 차이가 있다. 주로 의사는 환자들을 (   ), 간호사는 환자들에게 주사를 놓는다. 그리고 간호사는 남자(   ) 여자가 많다.

의사와 간호사는 모두 우리에게 정말 고마운 존재이다.

생각하기

1 다음 그림을 보고 공통점과 차이점을 생각해 보고 글로 써 봅시다.

❶

공통점 :

차이점 :

❷

공통점 :

차이점 :

❸

공통점 :

차이점 :

❹

공통점 :

차이점 :

한 편의 글쓰기

1 다음의 공통점과 차이점을 생각해 봅시다.

> ○ 한국 음식 / 모국의 음식
> ○ 한국 영화, 드라마 / 모국의 영화, 드라마
> ○ 한국 대학교 / 모국의 대학교
> ○ (　　　　　) / (　　　　　　　　)

2 위 **1** 의 주제 중 하나를 골라 공통점과 차이점을 써 봅시다.

공통점	○ ○ ○	
차이점		
	○ ○ ○ ○	○ ○ ○ ○

한 편의 글쓰기

3 앞의 **2** 를 바탕으로 (공통점과 차이점을 넣어서) 비교하는 글을 써 봅시다.

잘못된 곳 고쳐 쓰기 ❶

독수리와 닭은 조류라는 점에서 비슷하다. 날개가 있고 다리가 두 개이다.
그러나 (㉠   ). 닭은 양계장에서 산다. 독수리
는 산에서 산다. 독수리는 닭에 비해서 날개가 크다. 닭은 독수리에 비해서 깃
털이 예쁘다. 그런데 독수리는 닭보다 고공에 날 수 있다. 또 독수리는 닭보다
발톱이 더 날카롭다. 닭은 곡식을 먹는만 독수리는 쥐나 다른 작은 동물이 먹는
다. 그리고 독수리는 닭에 비해서 무섭다.

1 ㉠에 들어갈 말을 한 문장으로 적어 보십시오.

2 틀린 곳을 바르게 고쳐 보십시오.

❶ 닭은 양계장에서 <u>산다.</u> 독수리는 산에서 <u>산다.</u>

❷ 그런데 독수리는 닭보다 <u>고공에 날 수 있다.</u>

❸ 닭은 곡식을 <u>먹는만</u> 독수리는 쥐나 다른 작은 <u>동물이 먹는다.</u>

잘못된 곳 고쳐 쓰기 ②

> 오토바이와 자전거의 공통점은 둘 다 사람을 타고 이동하는 교통수단이며, 바퀴가 동글랗고 두 개라는 것이다.
> (㉠   )
> 오토바이는 연료를 넣으면 움직인다. 오토바이는 자전거에 비해서 속도가 빠르고 소리가 요란하다. 그런데 자전거를 사람을 직접 페달에게 밟는다. 그래서 속도가 느렸하다. (㉡   ) 가격이 싸고, 운동을 할 수 있어서 건강에 좋다.

1 ㉠ 에 들어갈 말을 한 문장으로 적어 보십시오.

2 ㉡ 에 들어갈 단어를 적어 보십시오.

3 틀린 곳을 바르게 고쳐 보십시오.

❶ 오토바이와 자전거의 공통점은 둘 다 <u>사람을</u> 타고 이동하는 교통수단이며, 바퀴가 <u>동글랗고</u> 두 개라는 것이다.

❷ 그런데 자전거를 <u>사람을</u> 직접 <u>페달에게</u> 밟는다. 그래서 속도가 <u>느렸하다.</u>

제 **12**과

영화 감상

아 잉   민정아, 넌 어떤 영화를 잘 보니?

민 정   난 영화 장르보다 내가 좋아하는 영화배우가 나오는
        영화를 잘 봐.

엘레나   아마 민정이는 잘 생긴 남자배우가 나오는 영화를 좋아할 거
        야.

아 잉   맞아. 그럼, 엘레나는 어떻게 영화를 선택하지?

엘레나   글쎄, 난 사랑 이야기가 좋더라.

민 정   그러면 아잉, 너는 어떤 걸 잘 보니?

아 잉   난 감독을 봐. 내가 좋아하는 감독이 만든 영화를 잘 봐.

민정·엘레나   역시 아잉은 영화 선택에도 수준이 높아. 호호.

● 여러분은 어떤 장르의 영화를 좋아합니까?

● 여러분의 기억에 가장 오랫동안 남은 영화는 무엇입니까?

'엽기적인 그녀'를 보고 나서

브 루 더

내가 지금까지 본 영화 중에서 재미있었던 영화는 전지현, 차태현 주연의 '엽기적인 그녀'이다. 이 영화는 한국영화를 아주 좋아하던 내 친구의 소개로 보게 되었다. 영화를 보기 전에는 그다지 큰 기대를 하지 않았다. 이유는 그 전까지 한국 영화를 본 적이 없었고, 개인적으로 코미디 영화를 좋아하지 않았기 때문이다.

하지만 실제로 영화를 보면서 얼마나 웃었는지 모른다. 마치 공주님처럼 얌전하고 예쁘게 생긴 여주인공은 겉모습과는 다르게 성격이 아주 거칠고 싸움도 잘하는 성격을 가진 여자였다. 반면 남자 주인공은 강하지 못하고 착하기만 해서 여자친구가 시키는 대로 하고, 부탁하는 일은 거절하지 못했다.

이런 두 사람이 데이트하면서 싸우는 모습은 이전까지의 멜로 영화에서는 보기 힘든 장면으로 나에게는 아주 새롭게 느껴졌다.

사실 여자 주인공에게는 너무나 사랑했던 사람과 헤어진 아픔이 있었는데 다시 이 남자 주인공과 사랑하게 되면서 영화는 끝이 난다.

이 영화는 한국에서 흥행했다고 하는데, 주제가(OST)인 'I believe' 역시 인기를 끌었다고 한다. 영화의 내용과 영화배우의 멋진 연기, 그리고 배경음악까지 하나로 어우러져 감동과 웃음을 함께 전해준 이 영화는 내게 영화 보는 취미를 가져다 준 계기가 되었다.

* OST : Original Sound Track(영화 주제가)

읽은 내용 활용하기

1 본문 내용에 따라 [   ] 안에 알맞은 글을 써 보십시오.

❶ 브루더가 재미있게 본 영화의 제목은 [   ] 이다.

❷ 영화를 보게 된 동기는 [   ]

❸ 브루더는 이 영화를 보기 전까지는 한국 영화를 [   ]

❹ 브루더는 [   ] 영화를 좋아하지 않았다.

❺ 영화의 여주인공은 얌전하게 생겼지만 [   ] 성격은 아주 거칠고 싸움도 잘 하는 여자였다.

❻ 이 영화는 한국에서 [   ] 에 성공하였다.

❼ 이 영화의 주제가 'I believe' 역시 많은 사람들에게 [   ]

❽ 브루더는 이 영화를 본 후 [   ] 이/가 생겼다.

2 다음 표현들을 친구 혹은 선생님의 도움을 받아 다른 말로 바꿔 써 봅시다.

❶ 그 전까지 한국 영화를 본 적이 없었다.

➡ [   ]

❷ 얼마나 웃었는지 모른다.

➡ [   ]

❸ 부탁하는 일은 거절하지 못했다.

➡ [   ]

❹ 멜로 영화에서는 보기 힘든 장면이다.

➡ [   ]

3　영화의 장르를 모두 찾아 아래 표에 적어 봅시다.

> 코미디 영화, 액션 영화,

4　3 에서 찾아본 영화의 장르적 특징을 문장으로 표현해 봅시다.

❶ 코미디 영화는 　웃기는　 영화이다.

❷ 액션 영화는 　　　　　　　　　　　　　　　　영화이다.

❸

❹

❺

❻

읽은 내용 활용하기

5　다음은 영화와 관련된 단어나 구이다. 서로 관련이 깊은 것끼리 모아 봅시다.

> 배우, 감독, 개봉, 미개봉, 인기, 복귀, 영향, 관심, 원작, 소재, 배경, 줄거리, 장면, 대사, 주제가(OST), 특수 효과, 은퇴, 주목을 받다, NG, 촬영, 엑스트라, 잔인하다, 실화, 배경, 인상 깊다, 등장하다, 상징하다, 뛰어나다, 아쉬움, 처녀작, 자막, 주인공, 출연, 캐스팅, 데뷔작, 의상, 연기, 실감 나다, 여우주연상, 남우주연상, 시사회, 흥행, 성공하다, 실패하다, 감동, 제작비, 다루다, 영화제, 주연, 조연, 각색, 작품

❶

❷

❸

❹

❺

6　기억나는 영화의 제목, 감독, 주연 영화배우의 이름을 찾아 써 봅시다.

　ㅇ 영화의 제목 :

　ㅇ 감독 :

　ㅇ 주연 영화배우 :

7 여러분이 본 영화의 장면을 생각해 보고 다음처럼 표현해 봅시다.

❶ 내가 기억하는 장면

➡ 그 영화에서 내가 기억하는 장면은 남녀 주인공이 강가에 서 있는 마지막 장면이다.

❷ 가장 슬픈 장면

➡

❸ 가장 재미있는 장면

➡

❹ 가장 아름다운 장면

➡

❺ 가장 마음 졸인 장면

➡

한 편의 글쓰기

1 다음의 질문에 적절한 대답을 써 봅시다.

❶ 가장 좋아하는 영화의 제목 :

❷ 좋아하는 이유 :

❸ 영화 장르 :

❹ 주인공 (주연 배우) :

❺ 소재 및 배경 :

❻ 인상적인 장면이나 대사 :

❼ 영화의 결말 :

❽ 느낌 및 소감 :

2 영화 한 편을 선택하여 앞에서 영화와 관련된 어휘와 여러 표현들을 참고로 하여 영화 감상문을 완성해 봅시다.

영화 제목 :

서양의 명언

● 가장 하기 힘든 일은 아무 일도 안하는 것이다.

The hardest work is to go idle.

– Jewish proverb(유대인 격언)

● 제일 잘 익은 복숭아는 제일 높은 가지에 달려 있다.

The richest peach is highest on the tree.

– James Whitcomb Riley(제임스 휘트컴 라일리) [미국 시인, 1849-1916]

13과

투고문

수현 요즈음 아침에 일어나 보면 우리 집 앞에 쓰레기가 쌓여 있어.

미나 어머나, 누가 그런 짓을 하지?

수현 알 수가 있어야지. 밤 사이에 일어난 일이니까.

미나 아무리 그래도 그렇지. 남의 집 앞에 쓰레기라니.
      참 나쁜 사람들이다.

수현 어떻게 해야 되지? 경찰서에 이야기해 버릴까?

미나 일단 집 벽에 경고문을 하나 써 붙여 봐.

● 현재 여러분 주변에 문제점이 되고 있는 일들을 찾아 봅시다.

읽어 보기

(가)

지난 주말 저녁 백화점에 갔다. 백화점 바깥은 체감온도가 영하에 이를 정도로 추운 날씨였지만, 백화점 안은 반소매 옷을 입어도 될 정도로 더웠다. 정부가 권장하고 있는 겨울철 실내온도(18~20도)는 '쇠귀에 경 읽기'라는 생각이 들었다. 한국의 에너지 해외의존도가 97%에 이른다고 하는데도 공공장소에서는 아직 에너지 절약을 위해 별로 노력하지 않는 것 같다. 겨울철 실내온도가 너무 높은 것보다 알맞은 온도를 유지할 때 심신이 건강하고 비만도 예방할 수 있다고 한다. 또 실내 난방온도를 1도 낮추면 7%의 에너지를 절약할 수 있다.

에너지 낭비 습관을 없애는 데 백화점, 은행, 관공서 등이 솔선수범해 주었으면 한다.

정상현 (회사원, 부산 해운대구 우1동)

(나) 대여료 내지 않으면 학교 운동장을 못 쓰나?

지난 주말 오후에 친구들과 축구를 하기 위해 부산 ○○중학교 운동장에 갔다. 그런데 한 남자가 다가와 동호회 모임을 위해 학교에 대여료를 내고 운동장을 사용하는 중이니 나가달라고 했다. 만약 운동장을 사용하고 싶으면 대여료를 지불하라는 것이었다. 우리는 할 수 없이 다른 학교로 갔다. 학생의 공부나 교사의 업무에 방해를 주는 시간도 아닌데 이해할 수 없었다.

학교 운동장은 학생뿐 아니라 그 지역 주민들이 자유롭게 이용하는 공간이 됐으면 한다.

주영현 (대학생, 부산 남구 석포로)

읽은 내용 확인하기

1 본문에서 글쓴이가 지적한 문제점과 그 해결 방법을 간단히 요약해 봅시다.

〈가〉 글

◦ 문제점

◦ 해결 방법

〈나〉 글

◦ 문제점

◦ 해결 방법

문형과 표현 익히기

1 　본문 중 (가) 글을 읽은 후 　　　　　　에 들어갈 문장을 써 보십시오.

2 　다음에 제시된 한국어 구조를 본문에서 찾아 줄을 긋고, 그 쓰임을 이해한 후 문
장을 하나씩 만들어 봅시다.

❶ ---을/를/ㄹ 정도로 ---다

➡

❷ ---는데도 ---것 같다

➡

❸ ---고 싶으면 ---아라/어라/여라

➡

❹ ---(으)면 한다

➡

미완성 글 완성하기

✻ 다음 두 글은 투고문을 쓰다가 중단한 글이다. 앞부분을 잘 읽고 이 중 하나를 선택하여 뒤에 들어갈 이야기를 써 봅시다.

기차역에는 기차가 달리기 위해 만든 철로가 있다. 철로의 레일은 쇠로 되어 있고 그 주변은 자갈로 다져져 있다. 그런데 기차역 플랫폼에서 기차를 기다리다 피우던 담뱃불을 끄지 않은 채 철로 레일 위에 던져버리는 사람이 종종 있다. 사람들은 보통 흡연으로 인한 담배연기 문제 외에는 별일이 없을 것으로 생각하는 모양이다.

그런데 문제가 그렇게 간단하지 않다. 도시의 지하철 침목은 콘크리트로 되어 있으나, 철로 침목은 모두 통나무로 되어 있다. 게다가 철로 침목은 비바람에 썩지 않도록 기름칠이 되어 있다.

_____

_____

_____

_____

_____

_____

김해국제공항에는 갑자기 정보가 필요하거나 정보를 보낼 것이 있을 때 사용하기 위한 컴퓨터가 대합실에 설치되어 있다. 그런데 공항에서 컴퓨터를 사용하다 보면 키보드 설치대와 바닥에 온통 과자 부스러기가 널려 있는 것을 볼 수 있다. 때로는 부스러기가 오래 되어 말라 있는 경우도 있다.

이런 불결한 환경은 크게 보면 두 가지의 문제가 있다. 그 중 한 가지는
_____

_____

_____

국제공항은 내외국인이 많이 드나드는 곳이다. _____

_____

_____

_____

_____

한 편의 글쓰기

1 우리 주변에 있는 문제점을 모두 찾아 메모해 봅시다.

2 위 1 의 문제점 중 하나를 골라 문제가 되는 이유와 해결 방법을 찾아 써 봅시다.

문제점	○
문제가 되는 이유	○ ○ ○ ○
해결 방법	○ ○ ○ ○

3 앞의 **2** 를 바탕으로 투고문을 써 봅시다.

서양의 명언

● 배움이 없는 자유는 언제나 위험하며 자유가 없는 배움은 언제나 헛된 일이다.

Liberty without learning is always in peril and learning without liberty is always in vain.

– John F. Kennedy(존 F. 케네디) [미국 대통령, 1917-1963]

● 스스로를 신뢰하는 사람만이 다른 사람들에게 성실할 수 있다.

Only the person who has faith in himself is able to be faithful to others.

– Erich Fromm(에리히 프롬) [미국 정신분석학자, 1900-1980]

로버트 민수 형, 한국의 안창호 선생이 한 말 있지?
　　　　들었는데 잊어 버렸어.
민　수 "죽더라도 거짓이 없어라. 농담으로도 거짓말을 말라."
　　　　라는 말?
로버트 맞아. 농담으로 거짓말도 하지 말라?
　　　　형은 거짓말한 적 없어?
민　수 없어.
로버트 정말? 안창호 선생이 농담으로도 거짓말하지 말라고 했는데.
민　수 농담이야. 왜 없겠어.
　　　　거짓말을 자꾸 하다 보면 신뢰감이 없어져.
　　　　신뢰는 아주 큰 재산이야.
로버트 나도 그렇게 생각해.

● 당신이 잘 하는 일이라면 무엇이나 행복에 도움이 된다.

Anything you're good at contributes to happiness.
- Bertrand Russell(버틀란드 러셀)
[영국 철학자, 1872-1970]

● 여러분은 이 글을 보고 어떤 생각이 듭니까?

● 평소에 좋아하거나 인상 깊었던 말이 있습니까?

읽어 보기

어린 왕자 [Le Petit Prince]

생텍쥐페리가 쓴 유명한 책, '어린 왕자' 속에는 수많은 명언이 있다. 명언이라는 것은 널리 알려진 훌륭한 말을 뜻한다. 그 중에서 두 가지를 소개하면 다음과 같다.

첫 번째, "사막이 아름다운 건 어딘가에 우물이 숨어 있기 때문이다."라는 말이 있다. 이 말의 의미는, 정말 중요한 것은 쉽게 눈에 보이지 않는다는 말이다. 상상해 보라. 넓은 모래로 뒤덮인 사막도 계속 걷다 보면 시원한 오아시스를 만날 수 있다. 따라서 힘들다고 쉽게 포기하는 일은 없어야 할 것이다.

두 번째, "네 장미꽃을 그렇게 소중하게 만든 것은 그 꽃을 위해 네가 소비한 시간이란다."라는 부분이다. 이 말의 뜻은 사람이 어떤 일에 성공하려면, 오랜 시간과 노력이 필요하다는 것이다. 예를 들자면 한국어를 잘 하는  사람은 그만큼 열심히 오랜 시간을 공부한 결과라는 것이다.

이처럼 우리는 책이나 사람을 통해 가슴 속에 잊지 못할 멋진 말을 기억하면서 살아가고 있다.

❋ 이 글에서 인용한 부분과 인용 글을 쉽게 풀어 쓴 부분을 찾아 봅시다.

문형과 표현 익히기

1 어떤 말을 '인용'할 때 자주 쓰는 표현을 읽고 연습해 봅시다.

❶ –에 "   "라는 말이 있다

> ○ 한국 속담에 "발 없는 말이 천리를 간다."라는 말이 있다.
> ○ _____에 _____라는 말이 있다.
> ○ _____에 _____라는 말이 있다.

❷ –은/는 "   "(이)라는 말을 했다

> ○ 생텍쥐페리는 "가장 중요한 건 눈에 보이지 않는다."라는 말을 했다.
> ○ 영국의 유명한 철학자 베이컨은 "아는 것이 힘이다."라는 말을 했다.
> ○ _____은/는 _____라는 말을 했다.

❸ –은/는 –다고/이라고 했다

> ○ 생텍쥐페리는 가장 중요한 것은 눈에 보이지 않는다고 했다.
> ○ 영국의 유명한 철학자 베이컨은 아는 것이 힘이라고 했다.
> ○ _____은/는 _____–다고/이라고 했다.

미완성 글 완성하기

✻ 글 내용에 따라 (　　　　)를 적당히 채워 보십시오.

❶

값진 성과를
얻으려면 한 걸음
한 걸음이 힘차고
충실하지 않으면
안된다.

단테는 "값진 성과를 얻으려면 한 걸음 한 걸음이 힘
차고 충실하지 않으면 안 된다." (　　　　　　　　).
　이 말 속에는, 성공을 (　　　　　) 그만큼 열심히 노
력해야 한다는 뜻이 담겨져 있다. 사람이 어떤 일을 시
작하면, 쉽게 (　　　　　　　) 최선을 다해서 노력을
해야 할 것이다.

❷

뿌리 깊은 나무는
바람에 흔들리지
않는다.

한국의 조선시대 노래 '용비어천가'에는 "**뿌리 깊은
나무는 바람에 흔들리지 않는다.**" (　　　　　　　).
　이 말은 기초 공사가 튼튼한 건물은 절대 무너지지
않는다는 말과 같다. 공부 역시 열심히 해 두면 잊어버
리지 않고, 실력이 늘어나게 될 것이다.

❸

수박 겉핥기

한국 속담 중에서 '**수박 겉핥기**' 라는 말이 있다. 수
박은 속이 잘 익은 부분을 먹는 과일이다. (　　　　)
아무리 혀를 수박 껍질에 대고 맛을 보아도 그 수박의
달콤한 맛은 (　　　　) 뜻이다.
　이 속담은 어떤 일을 대충 하지 말고 제대로 해야 한
다는 충고의 말이다.

생각하기

1 다음 말의 뜻을 친구와 의논한 후 아래에 써 봅시다.

❶ 네가 한 언행은 너에게로 돌아간다.

❷ 말하자마자 행동하는 사람, 그것이 가치 있는 사람이다.

❸ 승자는 눈을 밟아 길을 만드는데 패자는 눈이 녹기를 기다린다.

2 여러분 나라의 명언이나 여러분 나라에서 많이 인용되는 세계의 명언을 찾아 써 봅시다.

○

○

○

3 다음은 한국 학생들 사이에 유행하는 명언이다. 왜 이런 명언이 생겨났고, 무슨 뜻으로 쓰였는가를 이야기해 봅시다.

> <u>한국 학생들이 만든 재미있는 명언</u>
>
> ○ 오늘 걷지 않으면 내일 뛰어야 한다.
> ○ '하면 된다'가 아니라, '해야 된다'이다.
> ○ 죽도록 공부해도 죽지 않는다.
> ○ 하루 8시간 수면은 근거 없는 낭설이다.
> ○ 고 3을 보내지 않은 사람은 대학의 자유로움을 누릴 자격을 갖지 못한다.
> ○ 진정한 노력은 결코 배신하지 않는다.
> ○ 네가 이렇게 말할 수 있을 때에 공부를 끝내라. "너의 최고는 나의 최저이 다."
> ○ 승자는 패자보다 더 열심히 일하지만 여유가 있고, 패자는 승자보다 게으르 지만 늘 '바쁘다'라고 말한다.

4 여러분의 나라 언어로 명언을 하나씩 만들어 보고, 이것을 한국어로 바꾸어 봅시다.

○ 모국어로 명언 만들기

○ 한국어로 바꾸기

한 편의 글쓰기

1 여러 나라 명언 중 좋아하는 것을 찾아 옮겨 적어 보십시오.

❶ _____

❷ _____

❸ _____

2 옮겨 적은 명언을 선택하여 그 뜻을 생각해 보면서 쉽게 예를 들어 다시 설명해 보십시오.

❶ _____

_____

_____

❷ _____

_____

_____

❸ _____

_____

_____

3 **2** 의 글 중 하나를 선택하여 명언의 의미를 생각하면서 "사람은 이렇게 살아야 한다." 혹은 "나는 이렇게 살아갈 것이다." 등과 같은 글을 써 봅시다.

잘못된 곳 고쳐 쓰기 ❶

> 한국 속담은 "호랑이에게 물려가도 정신만 차리면 산다." 이라는 말이 있다. 이 속담은 아무리 힘든 일이 닥쳐도 정신이 똑바로 차리고 현명한게 행동하면 이겨 낸 수 있다는 의미를 담고 있다. 이 말처럼 나도 앞으로는 아무리 어려워도 힘든 순간을 쉽게 넘기지 않다. 내가 현명한 사람이 되어 싶다.

1 한국 속담은 "호랑이에게 물려가도 정신만 차리면 산다."이라는 말이 있다.

2 이 말은 아무리 힘든 일이 닥쳐도 정신이 똑바로 차리고 현명한게 행동하면 이겨낸 수 있다는 의미를 담고 있다.

3 이 말처럼 나도 앞으로는 아무리 어려워도 힘든 순간을 쉽게 넘기지 않다.

4 내가 현명한 사람이 되어 싶다.

잘못된 곳 고쳐 쓰기 ②

> 한국의 유명한 야구선수 이승엽는 "혼(魂)을 담긴 노력은 배신하지 않는다."고 말했다. 성공이 위한 노력하지 않는 사람은 얻는 것이 없다. 자기가 꼭 이루고 싶은 꿈이 있다면, 그 꿈 때문에 후회하지 않을 만큼 노력과 시간을 투자한다고 생각한다. 그래서 아무때나 그 꿈이 이루어질 것이다.

1 한국의 유명한 야구선수 이승엽는 "혼(魂)을 담긴 노력은 배신하지 않는다."고 말했다.

2 성공이 위한 노력하지 않는 사람은 얻는 것이 없다.

3 자기가 꼭 이루고 싶은 꿈이 있다면, 그 꿈 때문에 후회하지 않을 만큼 노력과 시간을 투자한다고 생각한다.

4 그래서 아무때나 그 꿈이 이루어질 것이다.

● 빛을 퍼뜨릴 수 있는 두 가지 방법이 있다. 촛불이 되거나 또는 그것을 비추는 거울이
되는 것이다.

There are two ways of spreading light; to be the candle or the mirror that reflects it.

– Edith Wharton(이디스 워튼) [미국 작가, 1862-1937]

● 처음에는 네가 술을 마시고, 다음에는 술이 술을 마시고, 다음에는 술이 너를 마신다.

First you take a drink, then the drink takes a drink, then the drink takes you.

– F. Scott Fitzgerald(F. 스콧 피츠제럴드) [미국 작가, 1896-1940]

15과

내가 만드는 이야기

엘레나 하늘에 별이 참 많다.
미 나 그렇네. 별은 참 아름다워.
엘레나 저기 북쪽에 일곱 개의 별을
        한국어로 뭐라 하지?
미 나 응, 북두칠성. 우리나라에는
        저 북두칠성이 생겨난 이야기가 있어.
엘레나 그래? 어떤 이야기지?
미 나 일곱 명의 효자 아들이 죽어서 별이 된 이야기지.

● 그림은 한국의 옛날이야기이다. 무슨 이야기인지 얘기해 봅시다.

● 재미있게 읽거나 들은 한국의 이야기가 있습니까?

들어 보기

✳ 그림을 보면서 이야기를 잘 들어 봅시다.
(이야기는 인터넷을 이용하시기 바랍니다.)

(가)

(나)

(다)

(라)

(마)

(바)

(사)

(아)

(자)

(차)

미완성 글 완성하기

1 앞에 있는 그림에 관한 이야기입니다. 들은 이야기를 바탕으로 (　　)안에 알맞은 말을 써 봅시다.

❶
　　하루 종일 빈둥빈둥 누워 꼼짝도 하기 싫어하는 게으름뱅이가 있었습니다. 늘 누워 있기를 좋아하고 낮잠 자는 것을 최고로 생각하는 게으름뱅이는 밥을 먹을 때조차 ▨▨▨▨▨▨▨▨▨▨▨▨▨▨ 그런 아들을 본 어머니는
　　"애야, 밥을 먹고 그렇게 누워만 있으면 소가 된단다." 라며 걱정하셨습니다.
　　"흥, 말도 안 돼. 차라리 ▨▨▨▨▨▨▨▨▨▨▨▨. 소가 되면 아무 때나 드러누워 잘 수 있고 좋지 뭐."
　　게으름뱅이는 엄마가 아프실 때도 도와드리지 않고 누워만 있어서 엄마는 야단을 치셨습니다. 하는 수 없이 게으름뱅이는 엄마의 잔소리를 피해 집을 나갔습니다.

❷
　　"아, 귀찮아. 나를 좀 내버려 두면 안 되나.
▨▨▨▨▨▨▨▨▨▨ …"
　　게으름뱅이는 중얼중얼하며 길을 걷고 있었습니다. 그때였습니다.
　　"일 하기가 싫은가?" 하며 ▨▨▨▨▨▨▨▨▨▨▨▨.
가만히 보니 한 할아버지가 소 모양의 탈을 흔들거리고 있었습니다. 게으름뱅이는 못 들은 체하고 지나치려고 했습니다.

❸
　　"▨▨▨▨▨▨▨▨▨▨▨▨ 그럼 하루 종일 아무것도 안 하고 편하게 누워서 낮잠만 잘 수 있을 거야. " 그 말을 듣고 귀가 솔깃해져서 게으름뱅이는 탈을 빼앗듯이 해서 ▨▨▨▨▨▨▨▨.

174

④ 　아니, 이게 웬일입니까? 갑자기 게으름뱅이는 "펑~!"하는 소리와
함께 소로 　　　　　　　　　　　　. 말을 하고 싶지만 이제는 "음메~
음메~" 하는 소리만 나왔습니다. 게으름뱅이가
것입니다.

⑤ 　할아버지는 시장으로 가서 마침 소를 사러 나온 농부에게 게으름뱅
이를 팔았습니다.
　　할아버지는 "이 소는 무를 먹으면 죽습니다. 절대 무를
　　　　　　　. 그리고 이 소는 꾀를 부리니 때리면서 일을 시키십시
오." 라고 아저씨에게 이야기했습니다. 아저씨는 좀
생각했지만 상관하지 않고 소를 데리고 갔습니다.

⑥ 　주인은 매일 소에게 　　　　　　　　　　　　　　. 새벽부터 밤
늦게까지 밭을 갈고 나면 온 몸이 부서지는 것 같았습니다.
　　" 나는 소가 아니에요. 　　　　　　　　　　　　!"
　　게으름뱅이는 이렇게 말했지만, 주인은 오히려
소를 채찍으로 마구 때렸습니다.

⑦ 　" 소가 이렇게 　　　　　　　　　　. 어머니가 보고 싶구나….
집으로 돌아갈 수만 있다면 정말 　　　　　　　　…"
　　매일 힘든 일을 하면서 채찍을 맞는 생활이 계속되자 이 게으름뱅이
는 잔소리를 하던 어머니가 그리워졌습니다. 그리고 자신이
것을 후회했습니다.

❽
　　"매일매일 이렇게 힘들게 일하는데도 왜 맞아야 할까? 무를 먹으면 죽는다고
했는데, 이렇게 살 바에는 차라리 ▨▨▨▨▨▨▨▨▨▨▨▨▨▨."
　　그래서 게으름뱅이는 무를 먹으려고 찾았지만 주위 어디를 찾아보아도
▨▨▨▨▨▨▨▨▨▨▨▨▨▨▨. 그러던 어느 날 밭에서 일을 하던 중에 무를
파는 사람이 지나가는 것을 보았습니다. 그래서 온 힘을 다해 무가 있는 수레
를 향해 달렸습니다.
　　주인은 채찍을 휘두르며 말렸지만 ▨▨▨▨▨▨▨▨▨▨▨▨▨▨▨▨▨.

❾
　　'어머니 잘못했어요. 다시 태어난다면 정말 좋은 아들이 될게요. 정말 죄송합
니다.' 온 힘을 다해 무를 물었습니다. 그러면서 생각했습니다. '나는 이제
▨▨▨▨▨▨▨▨▨▨▨▨▨▨.'

❿
　　무를 한 입 베물자 "펑~!" 하는 소리와 함께 무언가 머리를 "꽝~!"하며 때리는 것
입니다.
　　'아! 꿈이었구나. 휴~ ▨▨▨▨▨▨▨▨▨▨▨▨.'
　　그것은 바로 낮잠을 자다가 평상에서 ▨▨▨▨▨▨▨▨▨▨▨▨▨ 머리가
부딪힌 것이었습니다.

2　　이야기가 주는 교훈은 무엇입니까? 한 문장으로 써 봅시다.

한 편의 글쓰기

1. 다음 그림은 서로 다른 이야기의 시작이다. 그림 중에서 하나를 골라 재미있는 이야기를 만들어 봅시다.

그림1.

그림2.

2. 친구와 함께 어떤 이야기로 꾸밀지 같이 이야기한 후 다음을 완성하십시오.

❶ 주인공 이름

❷ 주인공의 직업

한 편의 글쓰기

❸ 주인공의 성격

❹ 이야기의 배경

❺ 이야기의 줄거리

❻ 이야기의 결말

3 　앞의 **2** 의 내용을 바탕으로 재미있는 이야기를 하나 만들어 봅시다.

교 정 부 호

부호	사용하는 경우	표시의 예	고친 후
∨	띄어 써야 할 경우	아름다운마음	아름다운 마음
≢	띄어 쓴 것 원래대로	돌아가셨다	돌아가셨다
았 (아있)	틀린 글자나 내용 바꿀 때	좋아있던 추억	좋았던 추억
있던	글자나 부호가 빠졌을 때	가지고 장난감	가지고 있던 장난감
○	필요없는 글자 없앨 때	너무 아주 좋아서	너무 좋아서
⌒	붙여 써야 할 경우	즐거 웠던 시간	즐거웠던 추억
∽	자리 바꾸기	생각 좋은	좋은 생각
⌐	오른쪽으로 밀기	학교 가는 아침	학교 가는 아침
⌐	왼쪽으로 밀기	학교 가는 아침	학교 가는 아침
⌐	한 줄로 된 것을 두 줄로 바꿀 때	달려갔다. 한편, 집에 있던 아니	달려갔다. 한편, 집에 있
⌒	두 줄로 된 것을 한 줄로 이을 때	나무를 심었다. 그리고 물을 주었	나무를 심었다. 그리고 물을 주었다.
>	줄을 비울 때	집으로 돌아왔다. 세월이 흘러서 대학생이 된 어느 날	집으로 돌아왔다. 세월이 흘러서 대학생이 된 어느 날
⟨	줄을 비울 필요가 없을 때	나무를 심었다. 그리고 물을 주었	나무를 심었다. 그리고 물을 주었다. 아름다운 꽃을

듣 기 자 료

    옛날 어느 마을에 누워서 꼼짝도 하기 싫어하는 한 게으름뱅이가 살고 있었습니다. 친구와 어울리지도 않고 누워있기만 하니 모두들 '게으름뱅이'라고 불렀습니다.

    밥을 먹을 때조차 누워있는 아들에게 어머니는 걱정하며 이렇게 말했습니다.

    "얘야, 밥을 먹고 곧바로 누워 있는 사람은 죽어서 소가 된단다."

"흥~! 그런 말도 안 되는 소리가 어디 있어요. 차라리 소가 되는 게 좋겠어요. 일도 아무 것도 안 하고 누워서 잠만 자니 얼마나 좋아요?"

하고 아들은 말했습니다. 어머니의 잔소리가 계속되자 아들은 할 수 없이 집을 나왔습니다. 그때였습니다.

    "일하기가 싫은가?" 하고 어떤 할아버지가 말을 걸어오는 것이었습니다.

    할아버지는 소 모양의 탈을 흔들거리고 있었습니다. 게으름뱅이는 할아버지에게서 탈을 빼앗아 달아났습니다. 그리고 곧장 그 탈을 써 보았습니다.

    아니, 이게 웬일입니까? 갑자기 게으름뱅이는 "펑~!"하는 소리와 함께 소로 변해버리고 말았습니다. 말을 하고 싶지만 이제는 "음메~ 음메~" 하는 소리만 나왔습니다. 게으름뱅이가 소가 된 것입니다. 이 할아버지는 게으름뱅이가 소로 바뀐 것을 보고 시장으로 데리고 가서 마침 소를 사러 나온 한 아저씨에게 소를 팔았습니다.

    할아버지는 "이 소는 무를 먹으면 죽습니다. 절대 무를 먹이시면 안 됩니다." 라고 아저씨에게 이야기했습니다. 아저씨는 좀 이상하게 생각했지만 상관하지 않고 소를 데리고 갔습니다.

    주인은 매일 소에게 힘든 밭일을 시켰습니다.

"나는 소가 아니에요. 나는 사람이라구요!"

    게으름뱅이는 이렇게 말했지만, 주인에게는 "음메~음메~"로 밖에 들리지 않았습니다. 오히려 시끄럽게 우는 소를 채찍으로 마구 때렸습니다.

매일 힘든 일을 하면서 채찍을 맞는 생활이 계속되자 이 소는 잔소리를 하던 어머니가 그리워졌습니다. 그리고 자신이 어머니 말씀도 안 듣고 게으름을 피웠던 것을 후회하였습니다.

"무를 먹으면 죽는다고 했는데, 이렇게 살 바에는 차라리 죽는게 낫겠다."

무를 먹고 죽으려고 했지만 주위 어디를 찾아보아도 무는 보이지 않았습니다. 그러던 어느 날, 밭에서 일을 하던 중에 무를 파는 사람이 지나가는 것을 보았습니다. 그래서 소는 급히 그 사람을 쫓아갔습니다. 주인은 채찍을 휘두르며 말렸지만 소용이 없었습니다. 소는 온 힘을 다해 무를 물었습니다. 그러면서 생각했습니다.

'나는 이제 죽는구나. 다시 태어난다면 정말 좋은 아들로 태어나고 싶다.'

무를 한 입 베어 물자 "펑~!" 하는 소리와 함께 무언가 머리를 "꽝~!"하며 때리는 것이었습니다.

'아! 꿈이었구나. 휴~다행이다.'

그것은 바로 낮잠을 자다가 평상에서 굴러 떨어져 머리가 부딪힌 것이었습니다. 그 후로 이 게으름뱅이는 어머니도 잘 도와주며 부지런해져서 훌륭한 사람이 되었다고 합니다.

모범 답안

제1과 좋아하는 계절

_문형과 표현 익히기 p.13~p.14

1. ① 자기도 하고 청소를 하기도 합니다.
   ② · 따뜻해진다.
   · 더워진다.
   · 쌀쌀해진다.
2. ① 벚꽃이 많이 피는 봄이 되면 경주에는 사람이 많이 온다.
   ② 무덥고 비가 많이 오는 여름이 나는 싫다.
   ③ 바람이 살랑살랑 부는 가을이 되면 어디로 가고 싶다.
   ④ 눈이 많이 오고 얼음이 어는 겨울에는 나는 밖에 잘 나가지 않는다.

_잘못된 곳 고쳐 쓰기1 p.19

① 중, 을
② 시원한, 부는
③ 에서, 을
④ 이랑, 보러 가고 싶다

_잘못된 곳 고쳐 쓰기2 p.20

① 내가, 은
② 가고, 을, 입을
③ 날에는, 타고
④ 기대되고, 설렌다

제2과 친한 친구

_문형과 표현 익히기 p.25~p.26

① · 요리사라고
   · 삼촌이라고
   · 한국말로 아침인사를 "안녕하세요?"라고 합니다.
② · 여자인데
   · 사는데
   · 마이클 씨는 미국사람인데 인기가 많습니다.

③ · 날씬한 편입니다.
   · 많은 편입니다.
   · 나는 스트레스가 쌓이면 많이 먹는 편입니다.
④ · 호랑이처럼
   · 왕핑은 한국인처럼 한국말을 잘 합니다.

_잘못된 곳 고쳐 쓰기1 p.31

① 나의
② 는, 하는데
③ 하거나, 논다고
④ 좋아하는, 사는
⑤ 한 번도

_잘못된 곳 고쳐 쓰기2 p.32

① 날씬한
② 오똑하다
③ 귀여워
④ 많다
⑤ 늘었다

제3과 소중한 물건

_문형과 표현 익히기 p.37~p.38

2. ① 이 모자는 할머니가 주신 것이다.
   ② 이 시계는 친구가 사 준 것이다.
   ③ 이 사진은 10년 전부터 내가 보관하고 있는 것이다.
3. ① 그 소설책을 읽은 지 6개월이 되었다.
   ② 이 시계는 결혼선물로 받은 지 20년이 되었다.
   ③ 나는 한국에 온 지 5년이 되었다.
   ④ 밥을 먹은 지 30분이 되었다.

_잘못된 곳 고쳐 쓰기1 p.43

① 나에게, 한
② 주신, 온
③ 만난, 가서

④ 외로울 때, 고마운지
⑤ 있다면

_잘못된 곳 고쳐 쓰기2 **p.44**
① 사귄, 로
② 보고, 가서
③ 소중한
④ 다닌다

제4과 즐거운 상상

_잘못된 곳 고쳐 쓰기 **p.56**
① 싶다는 상상을 했다
② 싶은데
③ 싶은, 있지만, 가고 싶다
④ 가면, 사려고 한다
⑤ 사람들에게, 기부하고, 주고 싶다
⑥ 되어야 한다고 생각한다

제5과 희망사항

_생각하기 **p.63~p.64**
1. ① 혈액형
   ② 이기적
   ③ 성격
   ④ 정
   ⑤ 소심해서
   ⑥ 털털해서
   ⑦ 수다, 과묵
   ⑧ 내색
   ⑨ 과묵한, 유머

제6과 전하고 싶은 마음

_생각하기 **p.73**

① 그동안 잘 지내셨습니까?
② 몸은 건강하십니까?
③ 저는 잘 지내고 있습니다.
④ 소식을 못 전해 죄송합니다.
⑤ 그럼, 오늘은 이만 줄이겠습니다.
⑥ 안녕히 계십시오.

제7과 잊을 수 없는 여행

_읽은 내용 활용하기 **p.80~p.81**
1. 가. 박물관 나. 출발 다. 불국사 라. 점심
2. | 부산 출발 | → | 박물관 | → | 점심 식사 |
   | 불국사 | → | 부산 도착 |
4. 과 같이 / 에 / 떠나서 / 도착한 / 하자마자 /
구경하다가 / 비교하면서 / 화려하고 섬세했다. /
그 모습이 소박하고 단순했다. / 뛰어난 / 아름다
워 / 아쉬운 여행이었다. / 보람 있는

_문형과 표현 익히기 **p.82~p.83**
1. 그 음식점은 고기맛이 좋기로 유명하다.
   그 학생은 태권도를 잘하기로 유명하다.
   한국은 아름다운 경치로 유명하다.
2. ① 영수는 축구를 제일 잘하는 것으로 알려져
   있다. / ② 그 영화의 배우들은 연기가 뛰어난
   것으로 알려져 있다. / ③ 제주도는 한국에서
   경치가 매우 아름다운 곳으로 알려져 있다.

_잘못된 곳 고쳐 쓰기1 **p.88**
1. 에 도착했다
2. 좋아서 사람이 많았다
3. 갔다
4. 좋아하는 옷을 많이 샀다
5. 잊지

_잘못된 곳 고쳐 쓰기2 **p.89**
1. 한국에서 한 여행 중에 지난주에 친구와 같이
   갔던 김해 여행이 가장 기억에 남는다.

2. 나는 한국 역사와 전통 문화를 좋아하기 때문에 경주에 꼭 한번 가보고 싶다.
3. 만약 나에게 돈이 아주 많이 있다면 세계 일주 여행을 하고 싶다.
4. 내가 가장 좋아하는 도시는 항주이다.
5. 항주의 서호는 옛날부터 세계적으로 알려진 명소 중 하나이다.
6. 날씨가 별로 좋지 않아서 관광을 할 수 없었다.

제8과 우리들의 고민

_읽은 내용 활용하기 **p.95**
1. ① 고민하고 있다
   ② 갈지 / 할지
   ③ 힘들 거라고 생각한다.

_문형과 표현 익히기 **p.96~p.97**
2. ① 무엇을 해야 할지 모르겠다.
   ② 무엇을 먹어야 할지 모르겠다.
   ③ 무엇을 사야할지 모르겠다.
   ④ 어떤 사람과 결혼해야 할지 모르겠다.
3. ① 여행을 갔으면 좋겠다. / 아르바이트를 했으면 좋겠다.
   ② 자상하고 멋있는 사람과 결혼했으면 좋겠다.
   ③ 한국어를 가르치는 일을 했으면 좋겠다.

_잘못된 곳 고쳐 쓰기1 **p.101**
1. 늘지 않아서
2. 해서
3. 은 / 이해하고
4. 자주 / 많이
5. 했으면

_잘못된 곳 고쳐 쓰기2 **p.102**
1. 생겼다
2. 해야 할 지, 고민이었다
3. 그래서 (어쩔 수 없이)
4. 많이 나았지만

제9과 추억

_읽은 내용 활용하기 **p.106**
1. ① 노래방
   ② 지갑을 잃어버려서
   ③ 도움으로
2. ① 지갑
   ② 지난달 친구의 생일날
   ③ 못 찾았다.
   ④ 외국인 등록증과 은행카드를 다시 발급받았다.

_문형과 표현 익히기 **p.107~p.108**
2. ① 상한 음식을 먹는 바람에 배탈이 났다.
   ② 비가 오는 바람에 여행을 갈 수 없게 되었다.
   ③ 전화기가 고장 나는 바람에 연락을 할 수 없었다.
3. ① 넘어질 뻔 했다.
   ② 약속 시간에 늦을 뻔 했다.
   ③ 차에 부딪힐 뻔 했다.

_잘못된 곳 고쳐 쓰기1 **p.113**
1. 온 지 / 할 수 있는 / 하고 싶었다
2. 받은 / 없었기 때문이었다.
3. 적었(느)냐고
4. 께 / 않았다
5. 한국어 실력이 좋아질 수 있도록

_잘못된 곳 고쳐 쓰기2 **p.114**
1. 에서 / 열린
2. 과 / 성격도 바뀌었다
3. 연습한
4. 받아서 / 좋았다
5. 있다면 / 싶다

제11과 도시와 시골

_문형과 표현 익히기 **p.131~p.132**

1. ① 호랑이에 비해서
   ② 다른 식당에 비해서
   ③ 한국에 비해서
2. ① 눈이 크다는 점에서 비슷하다.
   ② 다리가 길다는 점에서 비슷하다.
   ③ 높임말을 사용한다는 점에서 비슷하다.
3. ① 큰 반면에
   ② 싼 반면에
   ③ 편리한 반면에

_잘못된 곳 고쳐 쓰기1 **p.137**
1. 두 동물은 다음과 같은 차이점이 있다.
2. ① 산다 / 산다
   ② 고공을 날 수 있다
   ③ 먹지만 / 동물을 먹는다

_잘못된 곳 고쳐 쓰기2 **p.138**
1. 그러나 오토바이와 자전거는 다음과 같은 차이점을 갖는다.
2. 그렇지만 (반면에)
3. ① 사람이 / 동그랗고
   ② 는 / 이 / 을 / 느릿하다

제12과 영화 감상

_읽은 내용 활용하기 **p.142**
1. ① '엽기적인 그녀'
   ② (한국 영화를 좋아하는) 친구가 소개해 주었기 때문이다.
   ③ 본 적이 없었다.
   ④ 코미디
   ⑤ 외모와는 달리 (실제로는)
   ⑥ 흥행
   ⑦ 인기를 얻었다. (알려졌다.)
   ⑧ 영화를 보는 취미
2. ① 나는 처음으로 한국 영화를 보았다.
   ② 아주 많이 웃었다.
   ③ 어떤 부탁이든지 다 들어 주었다.
   ④ 멜로 영화에서 자주 나오지 않는 장면이다.

제13과 투고문

_읽은 내용 확인하기 **p.152**
(가) 문제점 : 한국은 공공장소의 에너지 절약이 이루어지지 않고 있다.
   해결방법 : 에너지 절약을 위해 백화점, 은행, 관공서 등이 솔선수범해야 한다.
(나) 문제점 : 주민들이 학교 운동장을 사용할 경우에 대여료를 내야 한다.
   해결방법 : 학교 운동장을 지역 주민들이 자유롭게 사용하도록 하자.

제14과 인생관

_잘못된 곳 고쳐 쓰기1 **p.168**
1. 에 / 라는
2. 만(은)/ 현명하게 /낼
3. 어려워도 / 포기하지 않을 것이다
4. 나는 현명한 사람이 되고 싶다.

_잘못된 곳 고쳐 쓰기2 **p.169**
1. 은 / 혼이 담긴 / 라고
2. 성공을 위해
3. 꿈을 위해서 / 투자해야 한다고
4. 그러면 / 언젠가(는)

■ **저자소개**

이양혜

부산대학교 교육대학원 석사 (국어교육전공 : 교육학석사)
동아대학교 대학원 박사 (한국어문법론전공 : 문학석사)
부산외국어대학교 한국어문화교육원 교수

이필우

부산외국어대학교 대학원 석사 (외국어로서의 한국어교육전공 :교육학석사)
부산외국어대학교 대학원 박사수료 (외국어로서의 한국어교육전공)
부산외국어대학교 한국어문화교육원 교사

김유선

부산외국어대학교 대학원 석사 (외국어로서의 한국어교육전공 :교육학석사)
부산외국어대학교 대학원 박사과정 (외국어로서의 한국어교육전공)
부산외국어대학교 한국어문화교육원 교사

삽화가_ 강은실

쉽게 배우는 한국어
중급1 작문

초판발행	2009년 8월 10일
초판8쇄	2022년 9월 12일
저자	이양혜, 이필우, 김유선
편집	권이준, 양승주, 김아영
펴낸이	엄태상
디자인	진지화
콘텐츠 제작	김선웅
마케팅본부	이승욱, 왕성석, 노원준, 조성민, 이선민
경영기획	조성근, 최성훈, 정다운, 김다미, 최수진, 오희연
물류	정종진, 윤덕현, 신승진, 구윤주
펴낸곳	한글파크
주소	서울시 종로구 자하문로 300 시사빌딩
주문 및 교재 문의	1588-1582
팩스	0502-989-9592
홈페이지	http://www.sisabooks.com
이메일	book_korean@sisadream.com
등록일자	2000년 8월 17일
등록번호	제300-2014-90호

ISBN 978-89-5518-768-7 14710
　　　978-89-5518-765-6 (SET)

이 책은 교육인적자원부의 한국어 연수 프로그램
개발 지원사업의 도움으로 개발되었음.